Anton Rotzetter
Ich rufe Sonne und Mond

Anton Rotzetter

Ich rufe Sonne und Mond

Der Sonnengesang des Franz von Assisi
Annäherung und Einübung

Eschbach

Die Deutsche Bibliothek – CIP-Einheitsaufnahme

Rotzetter, Anton:
Ich rufe Sonne und Mond:
Der Sonnengesang des Franz von Assisi;
Annäherung und Einübung / Anton Rotzetter. –
Eschbach/Markgräflerland: Verlag am Eschbach 1998
ISBN 3-88671-186-2

Schutzumschlag nach einem Entwurf von
Neuffer-Design, Freiburg i. Br.
Umschlagfoto: Gerd Weissing, Nürnberg.
Reproduktion: Pensky Repro GmbH, Karlsruhe.
Gestaltung und Satz: Der Uebel, Sulzburg.
Druck: B&K Offsetdruck GmbH, Ottersweier.
Verarbeitung: Großbuchbinderei Josef Spinner, Ottersweier.
Der Satz erfolgte aus der Monotype Times New Roman.

Inhalt

Gott schuf die Sonne

Ich rufe den wind
wind antworte mir
ich bin sagt der wind
bin bei dir

ich rufe die sonne
sonne antworte mir
ich bin sagt die sonne
bin bei dir

ich rufe die sterne
antwortet mir
wir sind sagen die sterne
alle bei dir

ich rufe den menschen
antworte mir
ich rufe – es schweigt
nichts antwortet mir

Christa Reinig

Einführung

Oft erlebe ich spirituelle Zeitgenossen als sehr unökologisch. Das ist schon auf dem Parkplatz vor einem Meditationszentrum zu sehen. Fast alle Teilnehmer des Zen-Kurses sind einzeln in dicken Autos gekommen – sogar die aus der gleichen Stadt, obwohl das Tagungshaus leicht mit öffentlichen Verkehrsmitteln zu erreichen ist. Vom Sekretariat erfahre ich, daß keineswegs alle der autofahrenden Zen-Schüler bereit sind, eine Mitfahrgelegenheit anzubieten.« (Gerhard Breidenstein, Spiritualität und Ökologie, in: »connection« III/97, S.6–11)

Die Beobachtung G. Breidensteins gilt nicht nur für die Menschen, welche auf ihrer spirituellen Suche Elemente asiatischer Frömmigkeit entdecken und sich zu eigen machen. Auch die vielen Formen der neubelebten Spiritualität, die auf dem Boden der christlichen Tradition gewachsen sind, sind von einer beklagenswerten Schöpfungsfremdheit bestimmt. Immer noch übersehen Meditations- und Kontemplationsbeflissene die Möglichkeiten, ja die Pflicht, im Einklang mit der Schöpfung zu leben. Zufahrtswege und Parkplätze für ein »Haus der Stille« werden für wichtiger gehalten als die Bewahrung der Schöpfung; Fleischkonsum wird für notwendiger erachtet als die Erkenntnis, daß alles Fleisch die Herrlichkeit Gottes sehen will (vgl. Jesaja 40,5). Die geistliche Orientierung geschieht welt- und geschichtslos. Kontemplation und Information werden auseinandergerissen. Immer noch sind Kontemplation und Meditation vom Dualismus geprägt. Nach dieser

Lehre ist das Materielle und Leibliche auf jeden Fall minderwertig und für den Weg des Menschen zu seiner inneren Wahrheit bzw. zu Gott ein Hindernis. Oft geht der Dualismus sogar noch weiter und sagt: Die Welt, die Schöpfung, der Leib, die Materie ist in sich schlecht, »vom Teufel«. Diese Auffassung nannte ein großer geistlicher Lehrer aus der Ostkirche, Gregor Palamas († 1359), »griechische Häresie«. Man muß vielmehr das »Unkörperliche im Körperlichen zu fassen suchen«. Es ist notwendig, sagt er, »den Geist ins Innere des Körpers und in sich selbst zurückzuführen, wenn man sich gegen die Sünde erheben, die Tugend und den Lohn des tugendhaften Kampfes, besser gesagt, das Verkosten dieses Lohnes erlangen will. Den Geist austreiben wollen – ich sage nicht aus dem fleischlichen Denken, sondern aus dem Körper selbst, um so der geistigen Wonne teilhaftig zu werden – wäre der Gipfel des griechischen (heidnischen) Irrtums … Wir schicken vielmehr den Geist nicht nur in den Leib und ins Herz, sondern in sich selbst zurück.«

Das »semitische« bzw. biblische Denken ist grundsätzlich schöpfungs- und geschichtsorientiert. Darum wäre die Mitte der christlichen Spiritualität an sich die Inkarnation Gottes und die Auferstehung des Leibes. Doch ist sie viel zu wenig geschichtsmächtig geworden, im Gegensatz zur genannten »griechischen Häresie«. Es gilt darum, die Wurzeln der biblischen Spiritualität freizulegen.

Der amerikanische Theologe Matthew Fox, Gründer und Leiter eines Instituts für Schöpfungsspiritualität, hat die klassische Lehre, wie man zu sich selbst und zu Gott finden kann, auf eine neue Grundlage gestellt. Diese Lehre meint, daß man sich zuerst einmal von allem, was Welt ist, distanzieren müsse (= der Weg der Reinigung , via purgativa). Dann, wenn die Reinigung vollzogen sei, wenn die Seele sozusagen eine »tabula rasa« geworden ist (antike Bezeichnung für eine wachsüberzogene Schreibtafel, deren Schrift vollständig gelöscht wurde), kann die Seele neu »beschrieben«, geprägt, erleuchtet werden (= der Weg der Erleuchtung , via illuminativa). Darauf aufbauend schließlich ist die Möglichkeit gegeben, daß Gott in die Seele des Menschen einfließt und ganz und gar eins mit ihr wird (= der Weg der Einung , via unitiva). Gewiß kann man dieser klassischen Lehre immer noch einiges an Wahrheit und Überzeugungskraft abgewinnen. Aber die Grundlage, auf die sie sich abstützt, ist letztlich die »griechische Häresie«. M. Fox stellt diesen drei »Wegen« seine vier Wege gegenüber (vgl. Matthew Fox, Schöpfungsspiritualität. Heilung und Befreiung für die Erste Welt, Kreuz Verlag, Stuttgart 1993):

1. Die »via positiva«: Auszugehen ist vom Positiven, das wir in allem feststellen können, von einer ursprünglichen Ur-Schönheit und Ur-Gutheit der Schöpfung. Der biblische Schöpfungsbericht sieht mit den »Augen Gottes«, daß alles gut, ja sehr gut ist. Deswegen beginnt der geistliche Weg mit dem Staunen über das Geheimnis der Natur.

2. Die »via negativa«: Selbstverständlich gibt es in der Schöpfung nicht nur das Gute und das Schöne. Da gibt es vielmehr Auschwitz, die Passion Jesu, Not und Elend, und auch die dunklen Nächte des Geistes und der Sinne. Darum besteht der geistliche Weg ganz wesentlich im Aushalten von Dunkelheit und Leere.

3. Die »via creativa«: Dieser Weg setzt voraus, daß die schöpferischen Kräfte Gottes, ja Gott selbst, bereits in uns wohnen und wirken. Darum geht einen geistlichen Weg der, der seine Kreativität, die mit Gott geeinte Tatkraft, die Dynamik der Liebe und der Einfühlung entdeckt und gebraucht.

4. Die »via transformativa«: Dieser Weg will die Veränderung, die eigene und die der Welt. Der Kampf um Frieden, Gerechtigkeit und Bewahrung der Schöpfung gehört ebenso dazu wie und die Festlichkeit und die Dankbarkeit, mit der man das göttliche Leben empfängt und feiert.

Auch wer nicht alles, was M. Fox zum Thema Schöpfungsspiritualität schreibt, annehmen kann und die Einseitigkeit, mit der er sie vertritt, ablehnt, wird anerkennen müssen, daß diese Lehre von den geistlichen Wegen eine echte und weiterführende Erkenntnis ist.

Zeuge einer solchen Schöpfungsspiritualität ist für M. Fox vor allem Franz von Assisi. Allerdings übersieht er weitgehend, daß Franziskus über die Christusbezogenheit und über das Kreuz zur Schöpfungsspiritualität findet.

Die Schöpfung ist tatsächlich der Aspekt der franziskanischen Spiritualität, der heute allgemein bewundert und akzeptiert wird. Wer erinnert sich zum Beispiel nicht an »Bruder Sonne, Schwester Mond«, den Franziskusfilm des berühmten Filmemachers Zefirelli. Mit bunten Farben erzählt er – unbekümmert von historischen Gegebenheiten! – die Liebesgeschichte von Franziskus und Klara von Assisi. Geradezu romantisch malt er ihr Naturgefühl, ihre Beziehungen zu Mutter Erde, Bruder Sonne und Schwester Mond.

Es gibt einen Text des heiligen Franz, der schon deshalb interessant ist, weil er der erste längere Text der italienischen Literatur ist. Man sagte mir, daß man ihn früher in den italienischen Schulen auswendig lernen mußte. Er trägt verschiedene Titel: »Das Lied der Geschöpfe« oder – bekannter noch: »Der Sonnengesang«.

Seit einigen Jahren ist dieser Text im Bewußtsein der Menschen allgegenwärtig. Das war nicht immer so. In früheren Jahrhunderten verwies man nur selten auf dieses Lied, und es gibt darum auch nur wenige Bilder, in denen Franziskus als Bruder der Geschöpfe dargestellt wurde. Heute jedoch, in einer Zeit der Gefährdung der Lebensgrundlagen, erscheinen jedes Jahr eine ganze Reihe von Foto- und Kunstbüchern zum Sonnengesang, viele grundsätzliche Artikel, Meditationen und Deutungsversuche. Einfache und eingängige Lieder sind im Umlauf, und große Kompositionen sind auf Compactdisc verfügbar. Kaum ein Künstler geht an diesem Motiv vorbei.

Auch ich habe mich schon öfter mit diesem Text beschäftigt und möchte es mit diesem Buch umfassender und zusammenfassend nochmals tun. Es geht mir darum, daß der Sonnengesang zu einem Text wird, in dem alles, was wir ersehnen und tun können, besungen und gefeiert wird.

Altdorf / Schweiz
im Januar 1998   *Anton Rotzetter*

Der altitalienische Originaltext des Sonnengesangs

Die älteste Fassung des Sonnengesangs ist uns überliefert in einem Codex, der um 1250 geschrieben wurde und im Sacro Convento zu Assisi eingesehen werden kann (Cod 338 Ass). Die Fassung, aufgeschrieben in jener umbrischen Volkssprache (Volgare), in der Franziskus wohl die meisten seiner Schriften diktiert hat, ehe sie von Brüdern ins Lateinische übersetzt wurden, enthält genau 33 Zeilen, über denen wahrscheinlich eine Melodie stand. Leider ist sie uns nicht erhalten geblieben. Sie dürfte etwa den Choralmelodien, die wir heute noch bei den Psalmen singen, oder dem österlichen Jubelgesang, dem »Exsultet«, geglichen haben. Es gibt dazu ernstzunehmende Rekonstruktionsversuche (siehe S. 141: Lieder und Musik).

Der Sonnengesang ist das erste größere Stück italienischer Literatur. Darum gehört er zum Grundwissen, mit dem die Schüler in Italien vertraut gemacht werden.

CANTICO DI FRATE SOLE

Altissimu onnipotente bon signore,
tue so le laude, la gloria e l'onore et onne benedictione.
Ad te solo, altissimu, se konfano,
et nullu homo ene dignu te mentovare.

Laudato sie, mi signore, cun tucte le tue creature,
spetialmente messor lo frate sole,
lo qual' è iorno, et allumini noi per loi.
Et ellu e bellu e radiante con grande splendore,
de te, altissimo, porta significatione.

Laudato si, mi signore, per sora luna e le stelle,
in celu l'ài formate clarite et pretiose et belle.

Laudato si, mi signore, per frate vento,
et per aere et nubilo et sereno et omne tempo,
per lo quale al e tue creature dai sustentamento.

Laudato si, mi signore, per sor aqua,
la quale e multo utile et humile et pretiosa et casta.

Laudato si, mi signore, per frate focu,
per lo quale enn' allumini la nocte,
ed ello e bello et iocundo et robustoso et forte.

Laudato si, mi signore, per sora nostra matre terra,
la quale ne sustenta et governa,
et produce diversi fructi con coloriti flori et herba.

Laudato si, mi signore, per quelli ke perdonano per lo tuo amore,
et sostengo infirmitate et tribulatione.
Beati quelli ke 'l sosterrano in pace,
ka da te, altissimu, sirano incoronati.

Laudato si, mi signore, per sora nostra morte corporale,
da la quale nullu homo vivente po' skappare.
Guai a quelli, ke morrano ne le peccata mortali:
beati quelli ke trovara ne le tue sanctissime voluntati,
ka la morte secunda nol farra male.

Laudate et benedicete mi signore,
et rengratiate et serviateli cun grande humilitate.

Übersetzungen

Es gibt eine Fülle – zum Teil sehr unterschiedlicher – deutscher Übersetzungen des Sonnengesangs. Ich habe vier Beispiele ausgewählt.

In dem in Assisi aufbewahrten alten Codex wird der Sonnengesang durch folgenden Satz eingeleitet: »Es beginnen die Laudes (Lobgesänge) der Geschöpfe, die der selige Franziskus zum Lob und zur Ehre Gottes verfaßte, als er krank bei San Damiano darniederlag.«

JOSEPH BERNHART

Der Theologe, Philosoph und Kulturhistoriker Joseph Bernhart (1881-1969), der auch als Interpret jener Tiergeschichten bekannt wurde, die im Zusammenhang der Heiligen auftreten, gibt uns einen Text zur Hand, der auffällt durch Knappheit und Formbewußtsein.

I
Erhabener!
Allmächtiger!
Guter Herr!
Dein ist der Lobgesang, Dein der Ruhm,
Die Ehre und jegliche Benedeiung.
Erhabener!
Dir allein sie gebühren:

Ob keiner der Menschen auch würdig,
Dich zu nennen.

2
Lobpriesen sei, mein Herr,
Mit allen Deinen Kreaturen –
Ihr voran, der herrlichen Schwester, der Sonne:
Sie führt den Tag herauf,
Und du schenkest uns alle Zier erhellt von ihr.
Und schön ist sie,
Schön und prächtig in mächtigem Glanze
Bedeutet sie, Herrlicher, Dich.

3
Lobpriesen sei, mein Herr,
Für Bruder Mond
Und für die Sterne.
Am Himmel hast du sie geformt,
Und schön und köstlich sie leuchten von ferne.

4
Lobpriesen sei, mein Herr,
Für Bruder Wind
Und für Luft und Gewölk und heitres und jegliches Wetter,
Mit dem Du sie alle versorgest,
Die Deine Kreaturen sind.

5
Lobpriesen sei, mein Herr,
Für Bruder Wasser,
Das nützlich sehr
Und gering
Und köstlich
Und keusch.

6
Lobpriesen sei, mein Herr,
Für Bruder Feuer,

Mit dem du erleuchtest die Nacht,
Und schön ist er, schön und munter,
Und kräftig ist er und gewaltig.

7
Lobpriesen sei, mein Herr,
Für unsere Schwester Mutter Erde,
Die uns ernährt und bewaltet
Und zeitigt Früchte vielerlei –
Und farbige Blumen und Gras.

8
Lobpriesen sei, mein Herr,
Für jene, die verzeihen, weil Du die Liebe bist,
Und tragen Krankheit und Trübsal.
Ja, selig sind, die ausharren in Frieden:
Von Dir, Erhabener, wird ihrer sein die Krone.

9
Lobpriesen sei, mein Herr,
Für unsern Bruder Tod des Leibes,
Dem keiner der Lebenden kann entrinnen.
Wehe jenen, so in der tödlichen Sünde sterben.
Selig, die da stehen in Deinem heiligen Willen:
Nimmer wird der andere Tod sie verderben.

10
Lobpreiset, benedeiet meinen Herrn!
Und danket ihm und erstattet
Und dienet ihm armen Sinnes unermattet!

Die in der »Manesse Bibliothek der Weltliteratur« erschienene Übersetzung des Theologen und Ökumenikers Otto Karrer (1888-1976) gehört zu den am weitesten verbreiteten Übertragungen des Sonnengesanges und vermag auch nach Jahrzehnten noch zu überzeugen.

Du höchster, mächtigster, guter Herr,
Dir sind die Lieder des Lobes, Ruhm und Ehre
und jeglicher Dank geweiht;
Dir nur gebühren sie, Höchster,
und keiner der Menschen ist würdig,
Dich nur zu nennen.

Gelobt seist Du, Herr,
mit allen Wesen, die Du geschaffen,
der edlen Herrin vor allem, Schwester Sonne,
die uns den Tag herführt und Licht
mit ihren Strahlen, die Schöne, spendet;
gar prächtig in mächtigem Glanze:
Dein Gleichnis ist sie. Erhabener.

Gelobt seist Du, Herr,
durch Bruder Mond und die Sterne.
Durch Dich sie funkeln am Himmelsbogen
und leuchten köstlich und schön.

Gelobt seist Du, Herr,
durch Bruder Wind
und Luft und Wolke und Wetter,
die sanft oder streng, nach Deinem Willen,
die Wesen leiten, die durch Dich sind.

Gelobt seist Du, Herr,
durch Schwester Quelle:
Wie ist sie nütze in ihrer Demut,
wie köstlich und keusch!

Gelobt seist Du, Herr,
durch Bruder Feuer,
durch den Du zur Nacht uns leuchtest.
Schön und freundlich ist er am wohligen Herde,
mächtig als lodernden Brand.

Gelobt seist Du, Herr,
durch unsere Schwester, die Mutter Erde,
die gütig und stark uns trägt
und mancherlei Frucht uns bietet
mit farbigen Blumen und Matten.

Gelobt seist Du, Herr, durch die,
so vergeben um Deiner Liebe willen
und Pein und Trübsal geduldig tragen
Selig, die's überwinden im Frieden:
Du, Höchster, wirst sie belohnen.

Gelobt seist Du, Herr,
durch unsern Bruder, den leiblichen Tod;
ihm kann kein lebender Mensch entrinnen.
Wehe denen, die sterben in schweren Sünden!
Selig, die er in Deinem heiligsten Willen findet!
Denn sie versehrt nicht der zweite Tod.

Lobet und preiset den Herrn!
Danket und dient Ihm
in großer Demut!

Die bekannte Schriftstellerin (*1911) hat uns in ihrem Jugendbuch »Bruder
Feuer« (Stuttgart 1975) eine sehr eindrückliche Übersetzung geschenkt. Sie
gehört wohl zu den ersten, welche die romanische Zuteilung der Geschlechter
ins Deutsche übertragen hat.

Sei gelobt, mein Herr,
mit allen Deinen Geschöpfen,
vor allem Herr bruder Sonne,
der den Tag bringt und uns leuchtet;
schön ist er
und strahlend in großem Glanz:
von Dir, Höchster, ist er uns Gleichnis.

Sei gelobt, mein Herr,
durch Schwester Mond und die Sterne,
an den Himmel hast du sie gestellt,
klar und kostbar schön.

Sei gelobt, mein Herr,
durch Bruder Wind und die Lüfte,
und Wolken und heiteren Himmel
und jegliches Wetter,
durch welches du Deine Geschöpfe erhältst.

Sei gelobt, mein Herr,
durch Schwester Wasser,
sehr nützlich und demütig
und köstlich und keusch.

Sei gelobt, mein Herr,
durch Bruder Feuer,
durch den du die Nacht erleuchtest.
Schön ist er und fröhlich
und kräftig und stark.

Sei gelobt, mein Herr,
durch unsere Schwester, die Mutter Erde,

die uns trägt und ernährt
und vielerlei Früchte bringt
und farbige Blumen und Gras.

Sei gelobt, mein Herr durch jene,
die verzeihen um Deiner Liebe willen,
und Unsicherheit und Traurigkeit ertragen.
Selig, die in Frieden verharren.
Sie werden von Dir gekrönt.

Sei gelobt, mein Herr,
durch unsere Schwester, den leiblichen Tod.
Selig die, welche sie findet einverstanden
mit Deinem heiligsten Willen.
Ihnen kann der zweite Tod nichts schaden.

Lobt und preist meinen Herrn!

ANTON ROTZETTER

Während vieler Jahre habe ich mich mit dem Text des Sonnengesanges auseinandergesetzt. Immer wieder führte das zu Versuchen, dem italienischen Text
eine angemessene deutsche Fassung zu geben. Vor allem ist es mir wichtig, die
Geschlechtsbezeichnungen auch im Deutschen beizubehalten.

Höchster allmächtiger guter Herr
Dir sei das Lied die Herrlichkeit die Ehre
und aller Segen
Dir allein Höchster kommen sie zu
Kein Mensch ist würdig dich zu nennen

Lob sei dir mein Herr
mit deiner ganzen Schöpfung
vor allem mit dem Herrn Bruder Sonne
Er bringt uns den Tag
und spendet uns Licht
Schön ist er

und strahlend mit großem Glanz
Von dir Höchster ein Zeichen

Lob sei dir mein Herr durch Schwester Mond
und die Sterne
Am Himmel formtest du sie
glänzend kostbar und schön

Lob sei dir mein Herr durch Bruder Wind
durch Luft und Wolken
durch heiteres und jedes Wetter
Durch sie gibst du deiner Schöpfung Leben

Lob sei dir mein Herr durch Schwester Wasser
Sehr nützlich ist sie demütig kostbar und rein

Lob sei dir mein Herr durch Bruder Feuer
Durch ihn ist die Nacht erhellt
Schön ist er freundlich kraftvoll und stark

Lob sei dir mein Herr durch unsere Schwester Mutter Erde
Sie belebt und lenkt uns
Sie erzeugt viel Früchte
farbige Blumen und Gräser

Lob sei dir mein Herr durch jene
die um deiner Liebe willen vergeben
und Schwachheit und Not ertragen
Selig die ausharren in Frieden
Du Höchster wirst sie krönen

Lob sei dir mein Herr
durch unsere Schwester den leiblichen Tod
Kein lebendiger Mensch kann ihr entrinnen
Weh denen die in tödlicher Schuld sterben
Selig die sie findet in deinem heiligsten Willen
Der zweite Tod tut ihnen nichts Böses

Lobt und segnet meinen Herrn
Dankt und dient ihm in großer Demut

Anfragen

Unter dieser Überschrift trage ich einige Texte zusammen, die den Sonnengesang des heiligen Franz zur Grundlage haben, ihn aber »verfremden«, indem sie das Lied von 1225 mit Problemstellungen unserer Zeit konfrontieren. Da und dort werden die »Gegenstimmen« so stark, daß die spirituelle Harmonie, welche im Text des Franziskus vorhanden ist, durch das Aufbegehren gestört wird.

LOBGESANG DER ERSCHÖPFTEN

Mensch,
Jetzt können wir ein Lied singen.
Und den Segen haben wir auch.
Wer sind wir eigentlich?
Wir getrauen uns kaum, es zu sagen.

Ausgeschöpft bis zum Letzten
Vor allem die Sonne,
Tag für Tag kämpft sie sich durch den Smog.
In den Solarien brennt sie nun auch
Bei Regen unsere Leiber braun.
Um die letzten Strandkörbe wird gestritten.

Und die ersten Fußspuren auf dem Mond
Sind schon wieder verwischt.

Und die Sterne –
Wann werden wir sie bewohnen?

Wind, Luft und Wolken sind vergiftet.
Mit dem Wetter wird Krieg geführt.
Radioaktiver Niederschlag trifft die Letzten.
Sauerstoffspendende Bäume werden abgeholzt.

Das Wasser ist nicht mehr koscher.
Die letzten Fische sterben in Säuren und Öl.

Das Feuer brauchen wir nicht mehr.
Die Nächte beleuchten wir uns selber.
Mit unseren Neonröhren und Atomreaktoren.

Die Erde trägt uns immer besser,
Seit es keine Pflanzen mehr gibt.
Beton umgibt sie schützend,
Autobahnen und Wolkenkratzer zieren sie.
Babel haben wir längst vergessen.

Wir wenigen Satten im Norden
Leben auf Kosten der Unterernährten.
Ihren Hunger und Durst ertragen wir gut.
Und bei uns halten wir Frieden
Durch das atomare Overkill.

Der Tod stört uns nicht mehr.
Die Sterbenden kommen an die Apparate.
Frischzellenkuren erneuern
Unsere kaputten Körper.
Und in den Saunabädern schwitzen wir
Unsere überfressenen Leiber gesund.

Da haben wir den Segen.
Vielen Dank!

Simeon Nuß

Vor dem Schlafengehen lese ich,
mich zu beruhigen, den Sonnengesang
des Franziskus: gepriesen seist du. . .

Am Morgen Kühltürme vor Augen.
Der Sprecher berichtet von Polizeieinsätzen.
Politiker halten Reden:
gepriesen seist du. . .

Gepriesen seist du, Schwester Atomkraft,
gepriesen auch du, Bruder Reaktor
Denn euch verdanken wir
die Angst
und den Zwang
und die Überheblichkeit
(doch nicht in Ewigkeit).
Amen

Peter Suchanek

DAS LIED VON DER SCHWESTER ENERGIE

Alles übersteigender, grenzenloser, unsterblicher Gott des Alls!
Dein sind Weisheit, Intelligenz, Ordnung, Methode und Logik,
Nur in dir ist ihr Ursprung,
Und keiner kann deine Gedanken kennen.

Sei gepriesen, Herr Gott, durch die brüderliche Gemeinschaft
der Schöpfung,
Und ganz besonders durch unsere Schwester Energie,
Die überall im All verborgen ist, im Verhältnis zu Masse
Stehend nach $E = mc^2$.
Sie ist ehrfurchtgebietend und faszinierend,
Deines, des unsichtbaren Gottes, Abbild ist sie.

Sei gepriesen, Herr Gott, durch unsere Schwestern Quasare,
Novae und Supernovae,
In fernen Galaxien hast du sie gemacht,
Glänzend majestätisch und atemberaubend.

Sei gepriesen, Herr Gott, durch unsere Schwester Licht,
Welche 300 000 km pro Sekunde reist
Und die Schönheit der Schöpfung offenbart.

Sei gepriesen, Herr Gott, durch Bruder Quark.
Entdeckt unter den Elementarteilchen durch Elektronenlicht.

Sei gepriesen, Herr Gott, durch Bruder DNA,
Doppelhelix, der genetische Informationen zum Zellkern bringt.

Sei gepriesen, Herr Gott, durch Bruder Ozean,
Der groß und tief ist, reich an Pflanzen und Getier.

Sei gepriesen, Herr Gott, durch unsere Geschwister,
Kohle, Öl, Gas, Sonnen-, Gezeiten-, Kernenergie,
Durch die du uns Licht und Wärme schenkst.
Sie sind stark, kräftig, verläßlich und anziehend.

Sei gepriesen, Herr Gott, durch unsere Schwester Mutter Erde,
Die einen bescheidenen und zugleich hervorragenden Platz hat
In der Herrlichkeit und unfaßlichen Größe des sich immer
ausdehnenden Alls.
Aus ihr geht hervor das verwobene, schöne Netz aus Materie,
Leben und Geist.

Sei gepriesen, Herr Gott, durch die, die für Frieden
und Gerechtigkeit kämpfen.
Selig, die den Vereinten Nationen dienen, sie unterstützen,
Denn du bist die Quelle des Friedens, und durch dich
werden sie geheiligt.

Sei gepriesen, Herr Gott, durch unseren Bruder,
den leiblichen Tod,
Der uns zur nächsten Stufe des Lebens bringt.
Wehe denen, die die Liebe vertreiben und die Gemeinschaft

der Schöpfung zerstören!
Selig, die nach deinem Willen die ganze Schöpfung lieben,
Denn sie bauen den neuen Himmel und die neue Erde.

Eric Doyle

SONNENLIED

(EIGENE GEGENSTIMMEN MITÜBERSETZT)

Dir Ewigem
der du weit weg bist und ungesehen
dir gehören mein Schweigen und mein Lied
alle Verlassenheit und mein Zorn
mein Hunger mein Verlangen
denn du bist gut
dir allein gehört es
und niemand in Trauer und Frieden
ist imstande dich zu nennen.

Unaussprechlich bist du
und gut
gut ist die Hand
die alles erschaffen hat
unsagbar gut
ist unser Bruder Sonne
der jeden Tag dafür sorgt daß es Tag wird
der von durchscheinend schönem
Licht und kräftig ist
der uns mit Blindheit schlägt
uns überwältigt tröstet erheitert
lebendig macht.

Auch gut und schön ist Schwester Mond
mit all den vielen Sternen
die du aus Himmel gemacht hast
und gut wie du
ist Bruder Wind

mit all den Wolkenfeldern
mit gutem Wetter schlechtem Wetter mit der Luft
in der wir leben:
nichtig und glücklich.

Gesegnet ist dein Name
um Schwester Wasser willen
die nützlich und bescheiden ist
um Bruder Feuer willen
der in den Nächten brennt
lachend robust und ungewiß
um unsrer Schwester
Mütterchen Erde willen
die unsere Füße trägt
die uns regiert
und jede Art von Früchten
und Kräutern schenkt und
funkelnde Blumen.

Gesegnet unbegreiflich bist du
und über alles Lob erhaben
um aller jener willen die deiner Liebe wegen
barmherzig sind
die alle Krankheit allen Durst ertragen
gesegnet jene die durchhalten
ungekrönt
in dieser Welt –
wirst du sie krönen?

Verflucht und unbegreiflich
bist du
und gesegnet
um unsrer Schwester
Tod des Leibes willen
keine lebende Seele
vermag ihr je zu entfliehen
gesegnet sind alle

die dich suchen
der zweite Tod
wird ihnen nicht zustoßen.

Lebt wohl ihr Menschen
segnet euren Gott und Herrn
und gedenkt seiner
dankt ihm und dient ihm
in Demut.

Huub Oosterhuis
aus dem Niederländischen übersetzt von Peter Pawlowsky

GELOBT WARST DU, HERR

Du höchster, mächtigster, guter Herr,
Dir waren die Lieder des Lobes, Ruhm und Ehre
und jeglicher Dank geweiht;
Dir nur gebührten sie, Höchster,
und keiner der Menschen war würdig,
Dich nur zu nennen

Treten Sie ab, Herrschaften, jetzt kommt das Heutejournal:

weder hoch noch tief: die erste Welt, Güte ist ein Siegel
»singet dem Herrn ein neues Lied« verhallt
wir loben Hunde, wenn sie brav sind
wir rühmen Vater Markt, wir ehren Mutter Wirtschaft
wir danken für alles, was wir uns leisten können
auch wenn Gebühren anfallen
und alle sind würdig, jeden, jede und jedes beim Namen zu nennen

Wir warten nicht länger, aber sprechen Sie ruhig weiter!

Gelobt warst Du, Herr,
mit allen Wesen, die Du geschaffen,
der edlen Herrin vor allem, Schwester Sonne,

die uns den Tag heraufführte und Licht
mit ihren Strahlen spendete;
gar prächtig in mächtigem Glanze:
Dein Gleichnis, Erhabener, war sie

Sehr schön, Herrschaften, aber jetzt kommt das HeuteJournal:

keine weiteren Fragen an alles Wesentliche
eine Herausforderung alles, was nicht von uns geschaffen
genervt von der unbarmherzigen Sonne
die uns Tag für Tag mit ultravioletten Strahlen belichtet
und als Krebse unter die Haut geht:
wessen Gleichnis soll sie schon sein, wenn nicht unser eigenes

Wir warten nicht länger, aber sprechen Sie ruhig weiter!

Gelobt warst Du, Herr,
durch Bruder Mond und die Sterne.
Durch Dich geformt
funkelten sie am Gewölbe des Himmels
kostbar und schön

Sehr nett, Herrschaften! Aber jetzt kommt das HeuteJournal:

die Technik ist des Pudels Kern
mit ihr wir fliegen raus zu Mond und Stern
Apollo, Sputnik, Ariadne
das ist der schöne, seidene Faden

Wir warten nicht länger, aber sprechen Sie ruhig weiter!

Gelobt warst Du, Herr,
durch Bruder Wind
und Luft und Wolken und jedwedes Wetter,
sanft oder streng,
durch sie gabst Du Deiner Schöpfung Leben

Genug, Herrschaften! Jetzt kommt das HeuteJournal:

Metereologen tun immer noch so als ob, Klimatologen resignieren
Orkane, CO_2, wolkenlose Himmel

Schnee in Florida und Hitze in der Antartkis
langsam langsam erschöpft sich das Leben

Wir warten nicht länger, aber sprechen Sie ruhig weiter!

Gelobt warst Du, Herr,
durch Schwester Wasser:
Wie war sie nütze in ihrer Demut,
wie köstlich und keusch

Das ist recht, Herrschaften! Jetzt kommt das HeuteJournal:

aus dieser Quelle trinkt die Welt
H_2O, aufbereitet, chemisch gereinigt, gedüngt
bei uns kommt das Wasser aus dem Kran
das ist uns lieb und teuer

Wir warten nicht länger, aber sprechen Sie ruhig weiter!

Gelobt warst Du, Herr,
durch Bruder Feuer,
durch den Du zur Nacht uns leuchtetest.
Schön und freundlich war er am wohligen Herde,
mächtig als lodernder Brand

Zur Seite, Herrschaften! Jetzt kommt das HeuteJournal:

offene Feuer sind verboten
und lodern sie doch, greift die Versicherung
die Nacht ist ein Lichtermeer, die Welt schläft nie
überall brennen die Kreuze des Ku-Klux-Klan
überall brennen die Wälder

Wir warten nicht länger, aber sprechen Sie ruhig weiter!

Gelobt warst Du, Herr,
durch unsere Schwester, die Mutter Erde,
die gütig und stark uns trug
und mancherlei Frucht uns bot
mit farbigen Blumen und Kräutern.

Ach ja, ach ja, Herrschaften! Leider ist jetzt wieder das HeuteJournal an der Reihe:

›Mutter Erde‹, verzeih, wir lachen ein wenig
wir haben keine Mutter und auch keine Väter
der Planet trägt längst nicht alle
wir sind genug, die anderen sind viel zu viele
Fleurop ist ein multinationales Unternehmen, es verschickt
keinen wilden Majoran

Wir warten nicht länger, aber sprechen sie ruhig weiter!

Gelobt warst Du, Herr,
durch alle, die aus Liebe zu Dir verziehen
und Krankheit und Verfolgung geduldig ertrugen.
Selig, die das im Frieden überwanden:
Du, Höchster, wolltest sie einst krönen

Schenken Sie sich, Herrschaften, ihre Sentimentalität! Jetzt kommt das HeuteJournal:

Mega-Haß, Mega-Liebe, Mega-In, Mega-Out
wir alle sind Mega-Stars
Ausländer raus, Nazis raus, alle raus
fein raus sind wir, wir haben seit 46 Jahren Frieden, gottseidank

Wir warten nicht länger, aber sprechen sie ruhig weiter!

kein ewiges Leben mehr, gut, aber Lebensverlängerung,
-verlängerung,
der Tod braucht lange, sehr lange, bis er uns findet
Organersatz und Herzlungenmaschine sind
selbstverständlich geworden
Sterben tut niemand mehr, der Tod ist ein einziger Augenblick
wir alle sind ohne Sünde, und was wir wollen, ist heilig
und um den zweiten Tod machen wir uns wahrlich keine Sorgen
an uns wird man sich erinnern

Wir warten nicht länger, aber sprechen sie ruhig weiter!

Wir warten nicht länger, aber sprechen sie ruhig weiter!

Wir warten nicht länger, aber sprechen sie ruhig weiter!

Wir warten nicht länger!

Sprechen sie ruhig weiter!

Wir warten nicht!

Sprechen Sie!

Gelobt seist Du, Herr,
durch unsern Bruder, den leiblichen Tod;
ihm kann kein lebender Mensch entrinnen.
Wehe denen, die sterben in schweren Sünden!
Selig, die er in Deinem heiligsten Willen findet!
Denn sie versehrt nicht der zweite Tod.
Lobet und preiset den Herrn!

Danket und dient Ihm
in großer Demut!

Christoph Baumanns, 1991

WIR SAGEN – UND MEINEN

Wir sagen
Lob sei Dir mein Herr mit Deiner ganzen Schöpfung,
und meinen
Bruttosozialprodukt.

Wir sagen
Lob sei Dir Herr durch Herrin Sonne,
und meinen
Sonnenenergie.

Wir sagen
Lob sei Dir mein Herr durch Bruder Mond,
und meinen
Weltraumeroberung.

Wir sagen
Lob sei Dir mein Herr durch Bruder Wind,
und meinen
Windstärke 10.

Wir sagen
Lob sei Dir mein Herr durch Schwester Wasser,
und meinen
H_2O.

Wir sagen
Lob sei Dir mein Herr durch Bruder Feuer,
und meinen
Schmelzpunkt.

Wir sagen
Lob sei Dir mein Herr durch Schwester Mutter Erde,
und meinen
Rohstoffabbau.

Wir sagen
Lob sei Dir mein Herr durch jene,
die um Deiner Liebe willen vergeben,
und meinen
natürliche Selektion.

Wir sagen
Lob sei Dir mein Herr durch unseren Bruder den leiblichen Tod,
und meinen
die Medizin wird's schon richten.

Sagen wir – was wir meinen?
Meinen wir – was wir sagen?

Höchster herrlicher Gott
erleuchte die Finsternis unserer Herzen.
Amen.

Rolf Weber

Augenzeugenberichte

Für die Entstehung und das Verständnis des Sonnengesangs sind die zeitgenössischen Berichte von großer Bedeutung. Im Jahre 1228 schrieb Thomas von Celano, der wortgewaltige Franziskaner, im Auftrag des Papstes für die Heiligsprechung des heiligen Franz dessen Biographie. Bevor er – wohl als Zielpunkt und Quelle der Schöpfungsspiritualität – die Weihnachtsfeier von Greccio beschreibt, schildert er die Liebe des Franziskus zu den Geschöpfen. Im Jahre 1246 tut er es dann ein zweites Mal.

Zwischen 1232 und 1235 verfaßte Julian von Speyer, ein deutscher Franziskaner, der vor seinem Eintritt in den Franziskanerorden Kapellmeister am französischen Königshof war, eine weitere Lebensbeschreibung. Auch er preist die Schöpfungsspiritualität des heiligen Franz.

1244 beginnen einige Augenzeugen – aufgefordert durch den Oberen des Franziskanerordens – mit der Aufzeichnung von Erinnerungen. Diese »Textsammlung von Perugia« genannten Berichte sind teilweise 1246 in die zweite Lebensbeschreibung des Thomas von Celano eingeflossen, behalten aber unabhängig davon ihren eigenständigen Wert. Einige Abschnitte daraus sind gerade für den Sonnengesang von unersetzbarer Bedeutung.

THOMAS VON CELANO
ERSTE LEBENSBESCHREIBUNG (1228)
DIE LIEBE, DIE ER UM DES SCHÖPFERS WILLEN ZU
ALLEN GESCHÖPFEN TRUG (I. BUCH, KAPITEL XXIX)

Es wäre zu weitschweifig und unmöglich, alles aufzuzählen und zu sammeln, was der glorreiche Vater Franziskus getan und gelehrt, solange er im Fleische wandelte. Denn wer könnte je das Übermaß seiner Liebe zum Ausdruck bringen, mit der er gegen alles, was Gottes ist, beseelt war? Wer vermöchte die Süßigkeit zu schildern, die er empfand, wenn er in den Geschöpfen die Weisheit des Schöpfers, seine Macht und Güte betrachtete? Wahrlich, er wurde bei dieser Betrachtung oft mit wunderbarer und unaussprechlicher Freude erfüllt, so, wenn er zur Sonne aufschaute, den Mond betrachtete, zu den Sternen und zum Firmament aufblickte. O einfältige Frömmigkeit, o fromme Einfalt! Selbst gegen die Würmlein entbrannte er in übergroßer Liebe, weil er vom Erlöser das Wort gelesen hatte: »Ein Wurm bin ich, nicht mehr ein Mensch.« Deshalb pflegte er sie vom Wege aufzusammeln und legte sie an einem geschützten Ort nieder, damit sie nicht von den Vorübergehenden mit den Füßen zertreten würden. – Was soll ich von den anderen niedrigen Geschöpfen sagen? Ließ er doch den Bienen im Winter, damit sie nicht vor Kälte und Frost zugrunde gingen, Honig oder besten Wein hinstellen. Ihre emsige Arbeit und ihren vorzüglichen Instinkt pries er zur Ehre des Herrn so hoch, daß er oft einen ganzen Tag auf ihr und der anderen Geschöpfe Lob verwandte; denn wie einst die drei Jünglinge im brennenden Feuerofen alle Elemente zum Lobe und zur Verherrlichung des Schöpfers des Weltalls einluden, so ließ auch dieser Mann, vom Gottesgeist erfüllt, nicht ab, in allen Elementen und Geschöpfen den Schöpfer und Lenker aller Dinge zu verherrlichen, zu loben und zu preisen.

Wie erheiterte doch seinen Geist die Blumenpracht, wenn er ihre reizende Gestalt sah und ihren lieblichen Duft einsog! Sofort lenkte er sein betrachtendes Auge auf die Schönheit jener Blume, die leuchtend zur Lenzeszeit aus der Wurzel Jesse hervorging und durch ihren Duft Tausende und aber Tausende von Toten belebte. Und wenn er eine große Anzahl von Blumen fand, predigte er ihnen und lud sie zum Lob des Herrn ein, gleich als ob sie vernunftbegabte Wesen wären. So erinnerte er auch Saatfelder und Weinberge, Steine und Wälder und die ganze liebliche Flur, die rieselnden Quellen und alles Grün der Gärten, Erde und Feuer, Luft und Wind in lauterster Reinheit an die Liebe Gottes und mahnte sie zu freudigem Gehorsam. – Endlich nannte er alle Geschöpfe »Bruder« und erfaßte in einer einzigartigen und für andere ungewohnten Weise mit dem scharfen Blick seines Herzens die Geheimnisse der Geschöpfe; war er doch schon zur Freiheit der Herrlichkeit der Kinder Gottes gelangt. – Nun lobt er im Himmel mit den Engeln dich, o guter Jesus, den Wunderbaren, er, der schon auf Erden allen Geschöpfen dich als den Liebenswürdigen gepredigt hat.

ZWEITE LEBENSBESCHREIBUNG (1246)
DIE LIEBE DES HEILIGEN ZU DEN BESEELTEN UND
UNBESEELTEN GESCHÖPFEN (KAPITEL CXXIV)

Obwohl er die Welt als den Verbannungsort unserer Pilgerschaft zu verlassen eilte, hatte er doch, dieser glückliche Wanderer, seine Freude an den Dingen, die in der Welt sind, und nicht einmal wenig. Gegen die Fürsten der Finsternis gebrauchte er die Welt als Kampfplatz und Gott gegenüber als klaren Spiegel seiner Güte. In jedem Kunstwerk lobte er den Künstler; was er in der geschaffenen Welt fand, führte er zurück auf den Schöpfer. Er frohlockte in allen Werken der Hände des Herrn, und durch das, was sich seinem Auge an Lieblichem bot, schaute er hindurch auf den lebenspendenden Urgrund der Dinge. Er erkannte im Schönen den Schönsten selbst; alles Gute rief ihm zu: »Der uns erschaffen, ist der Beste!« Auf den Spuren, die den Dingen eingeprägt sind, folgte er überall dem Geliebten nach und machte alles zu einer Leiter, um auf ihr zu seinem Thron zu gelangen.

Mit unerhörter Hingebung und Liebe umfaßte er alle Dinge, redete zu ihnen vom Herrn und forderte sie auf zu seinem Lobe. – Mit Leuchten, Fackeln und Kerzen ging er vorsichtig um, denn er wollte mit seiner Hand nicht ihren Glanz trüben, der ein Schimmer des ewigen Lichtes ist. – Über Felsen wandelte er ehrerbietig mit

Rücksicht auf den, der Fels genannt wird. Wenn er den Psalmvers beten mußte: »Auf einen Felsen hast du mich erhoben«, sagte er, um sich ehrfürchtiger auszudrücken: »Unter die Füße des ›Felsens‹ hast du mich erhoben.«

Wenn die Brüder Bäume fällten, verbot er ihnen, den Baum ganz unten abzuhauen, damit er noch Hoffnung habe, wieder zu sprossen. – Den Gärtner wies er an, die Raine um den Garten nicht umzugraben, damit zu ihrer Zeit das Grün der Kräuter und die Schönheit der Blumen den herrlichen Vater aller Dinge verkündigten. Im Garten ließ er noch ein Gärtchen mit duftenden und blühenden Kräutern anlegen, damit sie die Beschauer anregten, der ewigen Himmelslust zu gedenken.

Vom Wege las er die Würmchen auf, daß sie nicht mit den Füßen zertreten würden; den Bienen ließ er, damit sie nicht vor Hunger in der Winterkälte umkämen, Honig und besten Wein hinstellen. – Mit dem Namen »Bruder« rief er alle Lebewesen, wenn er auch von allen Tieren die zahmen bevorzugt liebte. Wer könnte hinreichend alles aufzählen? Jene Urgüte, die einst alles in allem sein wird, verklärte ja in diesem Heiligen schon hienieden alles in allem.

TEXTSAMMLUNG VON PERUGIA
DER SONNENGESANG (NR. 83)

Und er sagte zu ihnen: »Deshalb muß ich mich künftig sehr freuen in meinen Krankheiten und Bedrängnissen und mich im Herrn gestärkt fühlen. Und ich muß Gott immer danken, dem Vater und seinem einzigen Sohn, unserem Herrn Jesus Christus, und dem Heiligen Geist, für die vielen Gnaden, die er mir gegeben hat, und für den Segen, daß er mich, seinen unwürdigen Knecht, schon jetzt im irdischen Leben durch seine Güte gnädig seines Reiches versichert hat. Daher will ich zu seinem Lob und zu unserem Trost und zur Erbauung des Nächsten ein neues Lied auf den Herrn machen, in dem er durch seine Geschöpfe gelobt wird. Denn an seinen Geschöpfen freuen wir uns täglich, und ohne sie können wir nicht leben. In ihnen beleidigt die Menschheit den Schöpfer sehr. Und täglich sind wir undankbar gegenüber dieser so großen Gnade, weil wir unsern Schöpfer und den Spender alles Guten nicht loben, wie wir müßten.

Und sitzend begann er nachzusinnen und nachher zu sagen: »Höchster, allmächtiger, guter Herr.« Und er komponierte dazu eine Melodie und lehrte sie seinen Gefährten, damit diese sie vortrügen. Denn sein Geist war damals erfüllt von so großer Zärtlichkeit und von Trost, daß er nach Bruder Pacificus schicken wollte. Dieser wurde in der Welt »König der Verse« genannt und war ein sehr bekannter Meister des Gesangs. Und der selige Franziskus wollte ihm einige gute und geisterfüllte Brüder mitgeben, damit sie durch die Welt gingen, um zu predigen und Gott zu loben. Denn er wollte und sagte, daß einer von ihnen, der zu predigen verstand, zuerst dem Volk predigen solle. Und nach der Predigt sollten sie wie Spielleute des Herrn das Lied auf den Herrn singen. Er wollte, daß der Prediger nach dem Lied dem Volk sagte: »Wir sind Spielleute des Herrn und dafür wollen wir von euch belohnt werden. Das heißt: Ihr sollt in wahrer Buße leben.« Und er sagte: »Was nämlich sind die Knechte Gottes, wenn nicht gewissermaßen seine Spielleute, die die Herzen der Menschen bewegen und zur geistlichen Freude emporheben sollen?« Und er sagte dies vor allem von den Minderbrüdern, die dem Volk für dessen Rettung gegeben wurden.

Denn das Lied auf den Herrn, das er komponierte und den Brüdern vorzusingen auftrug, nämlich »Höchster, allmächtiger, guter Herr«, nannte er auch »Gesang des Bruders Sonne«. Denn die Sonne ist schöner als alle andern Geschöpfe und kann mehr als andere mit Gott verglichen werden.

Deshalb sagte er: »Am Morgen, wenn die Sonne aufgeht, sollte jeder Mensch Gott loben, der sie geschaffen hat. Denn durch sie werden unsere Augen am Tag erhellt. Am Abend, wenn es Nacht wird, sollte jeder Mensch Gott loben wegen eines andern Geschöpfs, Bruder Feuer. Denn durch ihn werden unsere Augen in der Nacht erhellt.«

Und er sagte: »Wir sind alle wie blind, und der Herr erhellt durch diese beiden Geschöpfe unsere Augen. Ihretwegen und wegen allen andern Geschöpfen, an denen wir uns täglich freuen, müssen wir ihn, den herrlichen Schöpfer, immer besonders loben.«

Dies hat er in gesunden und kranken Tagen gern getan. Und er forderte gern andere auf zum Lob Gottes. Sogar als er litt in seiner Krankheit, begann er selbst das Lied auf den Herrn vorzutragen. Und nachher ließ er es seine Gefährten singen, damit er in der Betrachtung des Lobes auf den Herrn die Härte der Schmerzen und der Krankheiten vergessen konnte. Und so tat er bis zu seinem Tod.

FRANZISKUS STIFTET FRIEDEN (NR. 84)

Zur selben Zeit, als er krank war, nachdem er auch das vorgenannte Lied (= Sonnengesang) schon komponiert hatte, exkommunizierte der Bischof der Stadt Assisi, der damals regierte, den Bürgermeister von Assisi. Weil er gegen ihn entrüstet war, ließ jener, der Bürgermeister war, lautstark und eifrig durch die Stadt Assisi verkünden, daß kein Mensch dem Bischof etwas verkaufen oder von ihm etwas kaufen oder mit ihm einen Vertrag abschließen dürfe.

Und so haßten sie sich gegenseitig überaus. Während der selige Franziskus so krank war, war er von Mitleid mit ihnen bewegt, vor allem weil kein Ordensmann oder Laie zwischen ihnen Frieden und Einheit stiftete. Und er sagte zu seinen Gefährten: »Große Schande ist es für euch, Knechte Gottes, daß der Bischof und der Bürgermeister sich gegenseitig so hassen und keiner zwischen ihnen Frieden und Einheit stiftet.«

Und so machte er bei dieser Gelegenheit eine Strophe zu jenem Lied, nämlich:

> »Lob sei dir mein Herr
> durch jene die
> um deiner Liebe willen vergeben
> und Schwachheit und Not ertragen
> Selig die ausharren in Frieden
> Du Höchster wirst sie krönen.«

Nachher rief er einen seiner Gefährten und sagte zu ihm: »Geh und sag dem Bürgermeister in meinem Namen, er solle mit den Würdenträgern der Stadt und anderen, die er mit sich führen kann, zum Bischofspalast kommen.« Und nachdem jener gegangen war, sagte er zu zwei anderen seiner Gefährten: »Geht und singt vor dem Bischof und dem Bürgermeister und den andern, die mit ihnen sind, den Sonnengesang. Und ich vertraue auf den Herrn, daß er ihre Herzen demütigen wird und daß sie miteinander Frieden schließen werden und zurückkehren zur früheren Freundschaft und Liebe.«

Und als alle im Innenhof des Bischofssitzes zusammengekommen waren, standen jene zwei Brüder auf, und einer von ihnen sagte: »Der selige Franziskus komponierte in seiner Krankheit ein Lied auf den Herrn über seine Geschöpfe zum Lob Gottes und zur Erbauung des Menschen. Daher bittet er euch, es mit großer Hingabe zu hören.« Und so begannen sie, es zu singen und ihnen vorzutragen. Und sofort stand der Bürgermeister auf und mit gefalteten Händen und mit so großer Hingabe wie gegenüber dem Evangelium des Herrn, ja sogar mit Tränen, hörte er aufmerksam zu. Er hatte nämlich großes Vertrauen und Ehrfurcht gegenüber dem seligen Franziskus. Nach Beendigung des Liedes auf den Herrn sagte der Bürgermeister vor allen: »In Wahrheit sage ich euch, daß ich nicht nur dem Herrn Bischof, den ich für meinen Herrn halten muß, verzeihen würde, sondern auch, wenn jemand meinen Bruder oder Sohn getötet hätte.« Und so warf er sich zu Füßen des Herrn Bischofs nieder und sagte zu ihm: »Seht, ich bin bereit, euch für alles Genugtuung zu leisten, wie es euch gefällt in der Liebe eures Herrn Jesus Christus und seines Knechtes, des seligen Franziskus.« Der Bischof streckte ihm die Hände entgegen und sagte zu ihm: »Von meinem Amt her geziemt es mir, demütig zu sein. Aber weil ich von Natur aus zum Zorn neige, sollst du mir verzeihen.« Und so umarmten sie sich voller Güte und Liebe und küßten sich gegenseitig.

Und die Brüder wunderten sich überaus und bedachten die Heiligkeit des seligen Franziskus, weil buchstäblich wahr geworden war, was er über den Frieden und die Einheit des Bischofs und des

Bürgermeisters vorausgesagt hatte. Und alle anderen, die dort dabei waren und zuhörten, hielten das für ein großes Wunder und schrieben es den Verdiensten des seligen Franziskus zu, daß der Herr sie so schnell heimgesucht und daß sie, ohne ein Wort zu erwähnen, von einem solchen Ärgernis zu einer solchen Einheit zurückgekehrt waren.

Daher bezeugen wir, die wir mit dem seligen Franziskus waren, daß sich immer fast buchstäblich erfüllte, wenn er voraussagte: »So ist etwas!«, oder: »So wird es sein!« Und wir sahen mit unseren eigenen Augen, was lang zu schreiben und zu erzählen wäre.

DIE LERCHEN UND WEIHNACHTEN (NR. 14)

Am Abend des Sabbats, vor der Nacht, in der der selige Franziskus zum Herrn hinüberging, flogen nach der Vesper viele Vögel, die man Lerchen nennt, nicht hoch über dem Dach des Hauses, in dem der selige Franziskus lag, und machten einen Kreis, um im Wechsel zu singen. Wir, die wir mit dem seligen Franziskus waren und dies von ihm schrieben, bezeugen, daß wir ihn oft sagen hörten: »Wenn ich den Kaiser sprechen werde, werde ich ihn bitten, wegen der Liebe Gottes und auf meine Bitte hin eine Verfügung und ein Schreiben zu erlassen, daß kein Mensch die Schwestern Lerchen fange oder ihnen irgend etwas Böses antue. Ebenso, daß alle Bürgermeister der Städte und die Herren der Burgen und Dörfer verpflichtet sind, jedes Jahr an Weihnachten die Menschen dazu zu bewegen, Weizen- und andere Körner auf die Straßen außerhalb der Städte und Burgen zu streuen, damit die Schwestern Lerchen und die anderen Vogel zu essen haben an diesem so festlichen Tag. Und daß in dieser Nacht zur Verehrung des Sohnes Gottes, den seine Mutter, die selige Jungfrau, in einer solchen Nacht in die Krippe zwischen Ochs und Esel legte, jeder Mensch den Brüdern Ochsen und Eseln genug Futter geben muß. Ebenso, daß an Weihnachten alle Armen von den Reichen gesättigt werden.«

Denn der selige Franziskus hatte größere Ehrfurcht vor Weihnachten als vor irgendeinem anderen Fest des Herrn. Er sagte immer wieder: »Wenn der Herr auch in seinen anderen Festen unser Heil erwirkt hat, sind wir dennoch gerettet, weil er uns geboren ist. Deshalb wollte er, daß an diesem Tag jeder Christ aufjauchze im Herrn und daß wegen dessen Liebe, mit der er sich selbst uns gab, jeder Mensch nicht nur gegenüber den Armen heiter und freigebig sei, sondern auch gegenüber den Tieren und Vögeln.

DIE AUGENKRANKHEIT UND BRUDER FEUER (NR. 86)

Als die günstige Zeit zur Pflege der Augenkrankheit gekommen war, verließ der selige Franziskus San Damiano. Weil seine Augen sehr krank waren, trug er über dem Kopf eine große Kapuze, die die Brüder ihm gemacht hatten, und ein mit der Kapuze zugeschnittenes Tuch aus Wolle und Flachs vor den Augen. Denn er konnte nicht in das Tageslicht blicken und nicht sehen, so groß waren die Schmerzen, die ihm seine Augenkrankheit verursachte. Und seine Gefährten führten ihn zu Pferd zur Einsiedelei Fonte Colombo nahe bei Rieti, um den Arzt von Rieti zu konsultieren, der Augenkrankheiten zu heilen verstand.

Als jener Arzt dorthin kam, sagte er dem seligen Franziskus, er wolle ihm über der Wange bis zur Braue jenes Auge ausbrennen, das kränker sei als das andere. Aber der selige Franziskus wollte mit dem Eingriff nicht beginnen, bevor Bruder Elias gekommen war.

Als er ihn erwartete und er nicht kam – er konnte wegen vielen Hindernissen, die er hatte, nicht kommen –, zögerte der selige Franziskus, mit dem Eingriff zu beginnen. Aber gezwungen durch die Notwendigkeit, vor allem aus Gehorsam gegenüber dem Herrn Bischof von Ostia und dem Generalminister, beschloß er, ihnen zu gehorchen, wenn es ihm auch schwer genug war, wegen sich solche Sorgen zu haben.

Nach einer Nacht, in der er wegen der Schmerzen, die ihm seine Krankheit verursachte, nicht hatte schlafen können, sagte er voll Zartheit und Mitleid mit sich selbst zu seinen Gefährten: »Liebste Brüder und meine Kinder, es soll euch nicht verdrießen und schwerfallen, für meine Krankheit zu arbeiten. Denn ich bin der kleine

Knecht Gottes, und Gott wird an meiner Stelle euch alle Frucht ersetzen, die ihr in eurem Leben wegen der Sorge für mich und wegen meiner Krankheit nicht habt hervorbringen können. Sogar größeren Gewinn erwerbt ihr euch daraus als diejenigen, die der ganzen Gemeinschaft und dem Leben der Brüder helfen. Ihr sollt zu mir sagen: ›Für dich machen wir unsere Ausgaben. Und an deiner Stelle wird der Herr unser Schuldner sein. ‹»

Dies aber sagte der heilige Vater, weil er ihnen helfen und sie im Kleinmut ihres Geistes und in der Schwache aufrichten wollte. Sie sollten nicht versucht werden bei jener Mühe und sagen: »Wir können nicht beten noch so viel Mühe ertragen.« Und sie sollten nicht verdrießlich und kleinmütig werden und so die Frucht ihrer Mühe verlieren.

Eines Tages kam der Arzt und brachte ein Eisen, mit dem er das Ausbrennen bei Augenkrankheiten machte. Und er ließ ein Feuer machen, um das Eisen zu erhitzen. Und nachdem das Feuer angezündet war, legte er das Eisen hinein. Um seinen Geist zu stärken und sich nicht zu entsetzen, sagte der selige Franziskus zum Feuer: »Mein Bruder Feuer, vornehm und nützlich unter allen Geschöpfen, die der Höchste geschaffen hat, du sollst mir höflich sein in dieser Stunde. Denn einst liebte ich dich, und ich werde dich noch weiter lieben in der Liebe jenes Herrn, der dich geschaffen hat. Ich flehe auch unseren Schöpfer an, der dich geschaffen hat, daß er deine Hitze so mäßige, daß ich sie ertragen kann.« Und nach dem Gebet bezeichnete er das Feuer mit dem Zeichen des Kreuzes.

Wir aber, die wir mit ihm waren, flohen alle aus Erbarmen und Mitleid mit ihm, und nur der Arzt blieb bei ihm. Und nach dem Ausbrennen kehrten wir zu ihm zurück. Er sagte zu uns: »Kleinmütige und Schwachgläubige, warum seid ihr geflohen? In Wahrheit sage ich euch, daß ich keinen Schmerz spürte und auch nicht die Hitze des Feuers. Im Gegenteil, wenn nicht gut ausgebrannt ist, kann noch besser ausgebrannt werden.« Und jener Arzt wunderte sich deshalb sehr, denn er hielt dies für ein großes Wunder, da er sich überhaupt nicht bewegt hatte. Und der Arzt sagte: »Meine Brüder, ich sage euch: Nicht nur von einem, der schwach und krank ist, sondern auch von einem, der stark wäre und körperlich gesund, fürchtete ich, er könne eine so große Ausbrennung nicht ertragen, was ich auch schon erlebt habe.« Denn die Ausbrennung dauerte lang, beginnend unter dem Ohr bis zur Augenbraue, wegen des vielen Eiters, der Tag und Nacht durch viele Jahre hindurch täglich zu den Augen hinabfloß. Daher mußten gemäß dem Rat jenes Arztes alle Venen vom Ohr bis zur Augenbraue abgetötet werden. Wenn dies auch nach dem Rat anderer Ärzte nichts nützte, was wahr war, denn es nützte ihm nichts. Ebenso durchbohrte ihm auch ein anderer Arzt beide Ohren, und dennoch nutzte es ihm nichts.

Und es ist nicht verwunderlich, wenn das Feuer und alle anderen Geschöpfe ihn verehrten. Denn wie wir, die wir mit ihm waren, gesehen haben, liebte und verehrte er sie mit so großer liebevoller Zuneigung. Und er wurde durch sie so sehr erfreut, und sein Geist wurde ihretwegen von so großer Zärtlichkeit und so großem Mitleid bewegt, daß er verstört war, wenn einer sie mißhandelte. Und er sprach in innerer und äußerer Freude so mit ihnen, wie wenn sie Gott spürten, begriffen und von ihm redeten, so daß er oft durch solche Gelegenheit zur Kontemplation Gottes weggerissen wurde.

Denn einmal, als er sich hinunterbeugte über das Feuer, ergriff das Feuer seine Kleider aus Linnen über den Beinen, ohne daß er es bemerkte. Als er die Hitze des Feuers spürte und sein Gefährte sah, daß das Feuer seine Kleider verbrannte, lief er herbei und wollte es löschen. Der selige Franziskus sagte zu ihm: »Liebster Bruder, tu dem Bruder Feuer nicht weh. .« Und so erlaubte er ihm nicht, daß er es auf irgendeine Weise lösche. Jener aber ging sofort zum Bruder, der Guardian war, und führte ihn zu ihm, und so begann er es zu löschen, obwohl es der selige Franziskus nicht wollte. Er wollte nämlich nicht eine Kerze oder eine Lampe oder ein Feuer löschen, wie man es gewöhnlich tut, wenn es nötig ist. Er wurde von so großer Zärtlichkeit und Liebe ihm gegenüber bewegt. Er wollte auch nicht, daß ein Bruder Feuer oder brennendes Holz wegwarf, wie es oft getan wird. Vielmehr wollte er, daß er es ganz auf den Boden lege aus Ehrfurcht gegenüber jenem, dessen Geschöpf es ist.

Ein anderes Mal – es war zur Zeit des Fastens auf dem Berg La Verna – machte ein Gefährte zur Essenszeit Feuer in der Zelle, wo man die Mahlzeit einnahm. Nachdem er das Feuer angezündet hatte, ging er zu Franziskus zur Zelle, wo er sich gewöhnlich zum Beten und Schlafen aufhielt. Da sollte er ihm das Tagesevangelium vorlesen. Denn Franziskus wollte an den Tagen, an denen er an keiner Messe mitfeiern konnte, das Evangelium hören, bevor er sich zum Essen begab.

Als Franziskus nun zum Essen kam, wo der Bruder das Feuer entfacht hatte, hatte das Feuer bereits das Zellendach ergriffen. Alles stand in hellen Flammen. Der Bruder begann, so gut er konnte, das Feuer zu löschen, doch konnte er es allein nicht. Franziskus jedoch wollte ihm nicht helfen. Er nahm vielmehr den Pelz aus der Zelle, mit dem er sich in der Nacht bedeckte, und verzog sich in den Wald.

Die Brüder der Einsiedelei, die an einem anderen weitentfernten Ort ihr Essen einnahmen, wurden auf das Feuer aufmerksam. Sofort kamen sie und löschten das Feuer. Später kam Franziskus zum Essen zurück. Nach dem Essen sagte er seinem Gefährten: »Ich will den Pelz nicht mehr auf mir tragen. Denn ich war geizig und habe ihn dem Feuer nicht gegönnt«.

MITGEFÜHL MIT DEN GESCHÖPFEN (NR. 88)

Wenn er sich die Hände wusch, wählte der selige Franziskus den Ort so, daß das Wasser nachher nicht von den Füßen mißhandelt wurde. Wenn er über einen Felsen wandern mußte, ging er mit Furcht und Ehrfurcht aus Liebe zu dem, der Fels genannt wird.

Wenn er daher jenen Psalmvers betete, wo gesagt ist: »Auf den Felsen hast du mich erhoben« (Ps 61,3), sagte er mit großer Ehrfurcht und Hingabe: »Unter die Füße des Felsens hast du mich erhoben.«

Dem Bruder, der das Holz zubereitete für das Feuer, sagte er sogar, er solle nicht den ganzen Baum fällen, sondern soviel, daß ein

Teil stehen bleibe und ein Teil falle. Und er befahl dies auch dem Bruder, der am selben Ort weilte wie er. Dem Bruder, der den Garten pflegte, sagte er auch, er solle nicht in der ganzen Erde des Gartens nur eßbare Kräuter anpflanzen, sondern einen Teil der Erde freilassen, damit sie blühende Kräuter hervorbringe, die zu ihrer Zeit die Schwestern Blumen hervorbringen. Er sagte sogar, der Bruder Gärtner solle in einer Ecke des Gartens ein schönes kleines Gärtchen anlegen und dort alle wohlriechenden Kräuter und alle Gräser, die schöne Blumen hervorbringen, setzen und anpflanzen, damit sie zu ihrer Zeit all ihre Betrachter zum Lob Gottes einladen würden. Denn jedes Geschöpf sagt und ruft: »Gott hat mich deinetwegen gemacht, o Mensch.«

Wir, die wir mit ihm waren, sahen ihn innerlich und äußerlich fast an allen Geschöpfen sich immer so sehr freuen, sie berühren und sie gern sehen. Dann schien sein Geist nicht auf der Erde, sondern im Himmel zu sein. Und dies ist offenkundig und wahr. Denn wegen der vielen Tröstungen, die er erfahren hat und immer wieder erfuhr in den Geschöpfen Gottes, komponierte und dichtete er kurz vor seinem Sterben das Lob des Herrn über seine Geschöpfe (= Sonnengesang), um die Herzen derer, die es hörten, zum Lob Gottes zu bewegen, und damit der Herr in seinen Geschöpfen von allen gelobt werde.

Annäherungen

Im Verlauf meines Lebens habe ich mich zu verschiedenen Malen mit dem Sonnengesang auseinandergesetzt und das Lied in unterschiedlichste individuelle und gesellschaftliche Situationen hineingestellt. Es war bei der Erarbeitung des vorliegenden Buches für mich spannend, diesen Weg nochmals zu gehen und zu entdecken, wie sich Gedanken entwickeln und erweitern, wie dieses oder jenes zurückgenommen oder verändert wird. Aber nicht nur, um diesen Weg zu dokumentieren, möchte ich diese Hinführungen zum Sonnengesang vorstellen. Diese stellen ja das Lied in unterschiedlichste individuelle und gesellschaftliche Situationen hinein.

■ 1975 erschien in der Zeitschrift TAU – inzwischen existiert sie nicht mehr – ein Heft zum Sonnengesang. Darin gab ich die folgende Annäherung:

Dichtung einer Wende

Dichtung schlägt manchmal ein wie der Blitz. Dann erzittert und bebt die Seele eines ganzen Kontinentes. So etwa mag es im Jahre 1732 gewesen sein, als der schweizerische Arzt, Naturforscher und Dichter Albrecht Haller sein philosophisches Lehrgedicht »Die Alpen« veröffentlicht hat. Bis dahin war niemandem eingefallen, die Alpen zu bestürmen. Zu sehr bargen sie das Unheimliche,

Beängstigende, Geheimnisvolle, Unnahbare. Jetzt aber kommt Bewegung in die Städte und Ebenen. Massen brechen auf, um die Berge zu besteigen und zu bewandern. Sie bringen dem Menschen Freiheit und Unabhängigkeit.

Jahrhunderte vorher durchzuckte eine andere Dichtung die abendländische Christenheit: der Sonnengesang des Franz von Assisi (entstanden 1225). Auch dieses Gebilde eines dichterischen Genies führt eine Wende herbei. Bisher war die christliche Frömmigkeit vorwiegend himmelwärts gerichtet, auf das Göttliche jenseits der Todeslinie und jenseits der Dinge. Jetzt aber kommt die Natur zu ihrem Recht, die Schöpfung zu ihrer Würdigung, die Welt vor die Aufmerksamkeit des Menschen. Der Mensch wird sinnenhafter, erdgebundener, weltoffener, den Dingen ehrfürchtig zugewandt und zugleich neugierig forschend.

Auch in einem anderen Sinn bedeutet der Sonnengesang einen neuen Anfang. Franziskus drückt die Beschwingtheit seiner Seele in der italienischen Volkssprache aus. Keiner vor ihm hat das gewagt. Wenigstens wissen wir nichts von einem solchen Versuch. So sieht denn die italienische Nation voll Ehrfurcht auf Franz von Assisi zurück: Er hat sie zum Reden gebracht. Und sie redet immer wieder von ihm. Schon bald einmal auf unüberbietbare Weise in Dantes Göttlicher Komödie. Und dann gleich noch einmal in den Fioretti. Beides gehört zum Kostbarsten der Weltliteratur.

Zur Weltliteratur gehört auch der Sonnengesang selbst. Ein Wunder, wenn man die Hilflosigkeit und Fehlerhaftigkeit seines sprachlichen Ausdrucks in den Briefen und Regeln sieht. Von Rechtschreibung, Stil und Satzlehre hat Franziskus ganz offensichtlich nicht viel verstanden. Zu knapp bemessen war seine schulische Bildung. Trotzdem ist auch seine Prosa eine faszinierende Lektüre. Was er beschreibt, ist ja nicht ein Gegen-Stand, der ihm gegenübersteht und ihn nüchtern läßt. Ihn bestimmt, bedrängt, erfüllt eine Gegen-Wart, letztlich Gott. Immer aber eine »Sache«, die von Gott herkommt oder mit ihm zu tun hat. Vor und durch Gott wird Franziskus nun auch zum Dichter. Man kann es nachprüfen: Wo immer ihm das Wort »Gott« in die Feder kommt, verschlägt es ihm die Sprache. Aus Unbeholfenheit entsteht ein kunstvolles Gebilde, aus Prosa Poesie: Gebet, Lied, Hymnus. Die Sprache wird beschwingt. Das Wort, der Laut, der Rhythmus, alles beginnt zu tanzen und zu spielen. Die Anmut seines Genies, die Grazie seines Wesens, Franziskus selbst geht völlig ein in die Schönheit der Sprache. Am vollkommensten und als lieblichste Frucht seines Lebens im Sonnengesang.

Die Dichtung kennt nicht viele Worte. Geschwätzigkeit ist ihr wie der Mystik fremd. Sie verdichtet, verknappt, konzentriert alles auf das Wesentliche. Alles kommt im Wenigen zur Sprache. So erstaunt schon der Aufbau des Sonnengesanges. Nacheinander treten auf: das ganze Universum in seinen oberen Regionen: Sonne, Mond und Sterne. Dann die vier Elemente, die nach dem antiken Weltbild die Grundlage von allem sind: Luft, Wasser, Feuer, Erde. Schließlich der Mensch in seinen besten Möglichkeiten und erschreckendsten Aussichten. Alles umrahmt von dem, dem Ehre gebührt: Gott, der alles trägt, bewegt, zieht. Mehr wäre zu viel. Darum braucht es auch nicht das Tier, das Franziskus so liebt. Es ist für den, der versteht, verdichtet enthalten, vertreten durch die Elemente.

Doch Dichtung ist nicht nur Konzentration. Sie ist auch Ordnung. Auch sie wird durch den Aufbau bezeugt. Aber auch durch den harmonischen Wechsel der Geschlechter. Paarweise macht immer der Bruder der Schwester Platz.

Dichtung ist zudem Musik. Hier müßte man das italienische Original hören können (vgl. S. 12f.). Die vollen O- und A-Laute in der Einleitung und in der Sonnenstrophe sind nichts als Staunen und Bewundern. Die Ausgewogenheit und der ruhige Fluß der Sternenstrophe versetzt einen in die Stimmung, die vom nächtlichen Himmel ausgeht. Die kurzen Silben der Wasserstrophe sind wie das muntere Plätschern eines Baches. Die Todesstrophe dagegen ist voller Unebenheiten wie der Tod selbst. Dichtung ist immer ganz nahe bei der Musik. Ursprünglich hat übrigens zum Text des Sonnengesanges auch eine selbst verfaßte Melodie gehört. Leider ist sie uns verloren gegangen.

Geschichtlich gesehen ist Dichtung religiösen Ursprungs. Der Sonnengesang ist zur Ursprünglichkeit der Dichtung zurückgekehrt. Er ist Anbetung, Verwunderung und Staunen vor dem

Geheimnis der Schöpfung. Das Viele ist eins in dem, der alles schafft und belebt. In allem lebt Gott. Doch keines ist Gott. Und jedes ist verschieden vom andern. Doch jedes fügt sich ein in das All, zu einem nie enden wollenden Hymnus.

Franziskus erlebt die Welt noch ganz anders als Schöpfung Gottes als wir. Noch kein Autolärm zerschlägt das beredte Schweigen der Natur. Die Atemwege werden noch nicht beengt durch schädliche Stoffe in der Luft. Das Wasser ist noch rein, klar, keusch. Da gibt es noch keine Staudammbrüche und Flugzeugkatastrophen. Keiner weiß etwas vom Hunger der Mehrheit der Menschen oder von den Slums der Großstädte. Der Mensch erlebt noch die Unberührtheit, die Schönheit und das Geheimnis der Welt. Nicht so der moderne Mensch. Zwar üben der Bach, die Wiese, der Wald, der Berg, der nächtliche Sternenhimmel, der Sonnenuntergang immer noch ihren Zauber aus. Aber nur noch auf wenige. Und für wie lange noch? Wir erleben die Welt immer mehr als Schöpfung des Menschen. Vor allem in einem schlechten Sinn. Der Mensch hat ihr seine Herrschaft aufgezwungen, sie ausgebeutet, sie beraubt, verwüstet und verpfuscht. So darf es nicht weitergehen, sagen Wissenschaftler. Sonst gehen wir einem katastrophalen Ende entgegen: nichts weniger als der Vernichtung der Menschheit. Solche Aussicht will einem das Lob der Schöpfung vergällen. Viele lasten diese verpfuschte Welt dem Christentum an. Alles sei zurückzuführen auf einen zu wörtlich genommenen Schöpfungsauftrag. Es genügt nicht, da Wunden zu verbinden und dort eine Pille zu geben. Die Ursachen müssen bekämpft werden. Und die sind religiöser Art. Also weg mit dem Christentum! Sagen sie. Andere verweisen auf Franz von Assisi. Wie er haben wir zu werden, wenn wir aus dem Teufelskreis herauskommen und dem Untergang entgehen wollen. Er stellt sich mit allen Geschöpfen in eine Reihe, ist allen untertan und allen Diener. Er wahrt ihr Geheimnis und ehrt sie als Brüder und Schwestern. Dies ist wichtig: Franziskus will eine humane Welt, die Menschlichkeit des Menschen, nicht den Naturburschen. Maß ist ihm der Mensch: Er gibt den Dingen ein menschliches Angesicht. Er nennt sie Bruder oder Schwester, je nach ihrem inneren Wesen.

Die Welt wird dem Menschen angeglichen. Nicht dieser der Welt. Das ist für Franziskus allerdings nicht zunächst ein menschliches Bemühen. Letztlich eine Tat Gottes: durch Kreuz und Auferwekkung. Franziskus' Welt ist bereits durch alle Wehen hindurch. Sie steht im Licht der Vollendung. Das kann man verkünden. Als Herold des Großen Königs. Nach dieser Musik kann man tanzen. Besonders wenn Jesus der Anführer ist. Als Gekreuzigter mitten in einer verpfuschten, tragischen, sündigen Welt.

Franziskus besingt eine Welt in der Vollendung. Das Licht ist so grell über die Dinge ausgeschüttet, daß der moderne Mensch erblindet und nicht versteht. Dabei ist gerade dieses Lied die Frucht einer schweren persönlichen Krise. Bei Franziskus häuft sich Krankheit auf Krankheit, zum Zweifel gesellen sich Anfechtung und dunkelste Nacht: eine Magenkrankheit, die erblindenden Augen, die Wunden an Händen und Füßen scheiden ihn ab von der Köstlichkeit, Schönheit und Zartheit der Dinge. Seine Gemeinschaft enttäuscht ihn, indem sie Wege geht, die er nicht gehen will. Auch die Kirche legt ihm und seiner Gründung Dinge auf, die er nur ungern und mit Widerstand annimmt. Am Schluß meint er sich von Gott endgültig und für immer gescheitert und verworfen. Wer will da noch von Weltfremdheit reden? Der Sonnengesang selbst spricht Dinge an, die zu den schwersten und wirklichsten dieser Welt gehören: das Leiden, Haß und Zerstrittenheit, der Tod, die Schuld und die Möglichkeit des endgültigen Scheiterns. Noch mehr erstaunt es, daß der Mensch nur in den Beziehungen zu diesen Realitäten gelobt oder gemahnt wird. Was zählt, ist nicht seine Intelligenz, sind nicht seine technischen Fähigkeiten, ist nicht einmal seine kontemplative Kraft. Obwohl das doch sicher auch für Franziskus bestaunenswerte Dinge sind. Doch größer ist etwas anderes: der Mensch, der in der Nachfolge Jesu steht. Der ebenso wie dieser sich bis zur Zerreißprobe in den Realitäten engagiert. Gelobt wird Gott für des Menschen Fähigkeit zum Leiden. Einem Leiden, das Mitleiden, leidenschaftliches Entgegenleiden ist. Alle Kräfte des Herzens und der Seele streben dem Bösen der Welt und der Menschen entgegen. Vielleicht werden sie es aufhalten, jedenfalls leiden, starkmütig tragen, nie gewalttätig erwidern. Gelobt wird Gott für des Menschen

Fähigkeit, Konflikte zu lösen und zerstrittene Menschen zu versöhnen. Gelobt wird Gott für des Menschen Tod. In der Biographie des Christen nicht das Ende, sondern Übergang zur Vollendung. Wer glaubt, wird leben, auch wenn er stirbt. Erschreckend jedoch die Möglichkeit, nicht zu glauben und endgültig zu scheitern. Nichts, was realistischer sein könnte als dieses Lied über den Menschen, das ihn in seiner tragischen Geschichte sieht. Er steht im Lichte der Vollendung und ist auf dem Wege dahin.

Für uns ist die Welt zunächst die Welt des Menschen. Von ihm in die Zügel genommen, durch Zivilisierung seinen Bedürfnissen angepaßt, durch Technik vermenschlicht, aber auch verpfuscht. So trifft der Mensch in der Welt nur noch auf die eigenen Spuren, nicht mehr auf jene, die Gott in seiner Schöpfung hinterläßt. Eine reiche Ernte ist ihm nicht mehr Zeichen der Gnade Gottes, sondern eines guten Bodens, gezielter und erdgerechter Düngung, guter Wetterbedingungen. . . So braucht der Mensch Gott nicht mehr, um die Welt und das Geschehen in ihr zu erklären. Diese Entwicklung ist gut, weil Gott diese Eigenständigkeit der Welt und des Menschen will. Denn nur so ist der Mensch auch in seine Verantwortung gerufen. Nur so kann er auch zur Rechenschaft gezogen werden. Diese Entwicklung ist jedoch schlecht, wo sie zum Materialismus führt. Als ob die Dimension des Geistes nicht ebenso wirklich wäre wie das, was man mit den Händen betasten, mit den Augen ansehen und mit dem Meter messen kann. So müssen sich denn die Kräfte des Herzens wieder mühsam zur umgreifenden Wirklichkeit des Geistes vortasten: zum Geheimnis, das auch im Kleinsten noch anwest und die letzte Harmonie des Alls ausmacht. Wer die Dinge auseinandernimmt, ist dazu nicht imstande. Ebenso wie derjenige, der nur an die Dinge heran –, nicht aber in sie hineinsieht. Dagegen wird Großes erleben, wer sich den Dingen und dem Geschehen aussetzt. In der Haltung des Lauschens, Wartens und Entgegenharrens. Man kann diese Haltung Meditation, Kontemplation, Betrachtung, Beschauung oder wie immer nennen. Eine Haltung, die Franz von Assisi ein Leben lang in sich verkörperte. Der Meditierende übersteigt das Ansichtbare, Vordergründige, Einzelne. Im Ausschnitt erkennt und erfährt er das Ganze. In einer fremden und ermüdenden Alltagswelt plötzlich die Heimat, in der er verweilen und immer bleiben möchte. Das gleiche geschieht dem Künstler, dem Liebenden, dem im Gebet von Gott Ergriffenen. In solchen »Gipfelerlebnissen« bringt sich die göttliche Dimension wieder zur Sprache: Das Geistig-Religiöse gehört zum Wesen der Dinge und vor allem des Menschen. Man kann es erfahren, benennen und deuten. Da wird nichts hinzugedichtet oder überhöht. Auf diesem Umweg könnten wir vielleicht auch der Weltsicht eines Franziskus wieder zustimmen und anbeten.

■ 1977 legte ich – zusammen mit Elisabeth Hug – im Buch *Franz von Assisi – Die Demut Gottes* (Benziger Verlag, Zürich-Einsiedeln-Köln), das bis heute seine Leser findet, eine erste Übersetzung des Sonnengesangs vor, die ich im Gefolge bis heute immer wieder veränderte.
Unsere dort gegebene Hinführung zum Verständnis des Textes würde ich heute überschreiben: *Die Zeit der Krankheit hat Lieder nötig.*

■ 1982 wurde ich von der Franziskanischen Missionszentrale Bonn gebeten, aus Anlaß des 800. Geburtstages des heiligen Franz einen Beitrag zu schreiben, in dem die Einheit von Mission und Kontemplation aufscheint. Es entstand der Essay *Der Sonnengesang als missionarisches Lied* von aktueller Bedeutung (erschienen auch in meinem Buch *Von Demut, Frieden und anderen Torheiten. Franziskanische Texte gedeutet für Menschen unserer Zeit*, Paulusverlag, Freiburg (Schweiz) 1990, S. 124-149).

■ 1989 fand in Basel die europäische Versammlung »Frieden, Gerechtigkeit und Bewahrung der Schöpfung« statt. Dabei trug ich – unterbrochen von Erfahrungsberichten aus allen beteiligten Ländern und von Tänzen, die Schwestern aus Sießen gestalteten – unter dem Thema *Am Rande des Abgrundes* Gedanken zum Sonnengesang vor (ebenfalls erschienen in : *Von Demut, Frieden und anderen Torheiten*, S. 150-162).

■ 1993 führte die Begegnung mit dem Ravensburger Maler Walter Bulander zu einer kosmischen Interpretation des Sonnengesanges. Als technischer Mitarbeiter bei Weltraumprojekten teilte der Künstler die »mystische« Erfahrung der Weltraumfahrer: Je weiter sie von der Erde wegflogen, umso intensiver wurde die Liebe zu ihr – zum »Heimatplaneten« –, umso mehr schwanden die nationalen Zugehörigkeiten und wuchs das Bewußtsein der Verantwortung für das Universum.
Aus dieser Haltung heraus und aus der Überzeugung, daß die Erde nur aus der kosmischen Perspektive heraus eine Chance hat, malte W. Bulander

Bilder zum Sonnengesang. Und ich setzte seine Bilder und seine Überzeugung ins Wort (erschienen unter dem Titel *Schön und strahlend mit großem Glanz – Der Sonnengesang des heiligen Franziskus*, Dietrich-Coelde-Verlag, Werl 1993).

■ 1996 fiel mir die Aufgabe zu, das Vorwort für ein Buch zu schreiben, das die Sonnengesangbilder des Aphastikers Armin Rubli zeigen wollte (K. Liechty/A. Rubli, *Der Sonnengesang. Ein Tagebuch in heller und dunkler Zeit, Edition Eden*, Zürich 1996). Ein tragischer Unfall führte bei Armin Rubli zum totalen Verlust der Sprache. Nur mühsam und allmählich gelang ihm die Rückkehr in die Welt der Dinge und des Benennens. Einige Gedanken aus diesem Vorwort möchte ich hier nochmals aufnehmen:

Den Sinn des Lebens buchstabieren

Hie und da braucht es Menschen, die einem etwas bewußt machen. Jeder muß seinen eigenen Namen entziffern lernen; alle müssen allmählich und bis zum Tod den Sinn des Lebens buchstabieren.

Wie von einem Blitz getroffen betrachte ich eines der Bilder von Armin Rubli. Da leuchten mir doch tatsächlich meine eigenen Initialen entgegen: A R! Was verbindet mich, Anton Rotzetter, mit ihm? Ist es nicht mehr als das, was uns trennt? Und was haben wir beide gemeinsam mit Franz von Assisi, dessen Sonnengesang Armin Rubli ins Bild setzt und den ich immer wieder von neuem kommentiere?

Wir alle müssen aus dem Dunkeln aufsteigen ins Licht. Wir alle müssen der Welt und dem Leben einen Sinn abgewinnen. Wir alle müssen geboren werden, das Licht der Welt erblicken. Geboren werden ist offensichtlich ein lebenslanger Prozeß. Wir alle müssen uns in der Schöpfung zurechtfinden mit all den Widerfahrnissen, die die Geschichte für uns bereithält.

Franz von Assisi (1181/82-1226) mußte lange suchen, bis er wußte, wer er vor Gott und für die Menschen war und welche Aufgabe in dieser Welt auf ihn wartete: Arm mit den Armen sollte er sein und gewaltlos den Frieden bringen; Bruder der Menschen sollte er sein und Bruder der Sonne und des Mondes, der Sterne und der Milchstraße, des Windes und des Wassers, des lodernden Feuers und der ganzen Lebendigkeit, die in die Mutter Erde eingesenkt ist. Sogar des Todes Bruder sollte er sein, weil er wußte, daß nur in der Annahme des Todes die Fülle des Lebens aufbricht. Aber Franz von Assisi mußte immer wieder durch Dunkelheiten hindurch. Er war nicht nur der »Spielmann Gottes«, sondern auch der Mann, der ein Leben lang litt; nicht nur der »Troubadour Gottes«, sondern auch derjenige, der tagelang weinen konnte mit dem herzzerreißenden Schrei auf den Lippen: »Die Liebe wird nicht geliebt!«

Er spürte die ganze Todverfallenheit, die Hinfälligkeit des Menschen hautnah an sich selbst. Krankheiten plagten ihn: eine Malaria, die ihm fast immer Kopfschmerzen und Fieber bereitete und seine Seele mit Traurigkeit, Schlappheit, Dunkelheit überflutete; ein Trachom, eine schmerzhafte Bindehautentzündung, die ihm das schöne Licht des Tages zum Schmerz werden ließ und schließlich zur totalen Erblindung führte. Schmerzliche Erfahrungen schlugen klaffende Wunden in sein Herz: Die Brüder, die er auf einen gemeinsamen Weg eingespurt hatte, schlugen eine andere Richtung ein; die Kirche zwang ihn, die ursprüngliche Radikalität an eine große Bruderschaft anzupassen...

Das alles läßt ihn verstummen! Alles zusammen genommen, verschlägt es ihm die Sprache. Eine Art »Aphasie« befällt ihn. Das Dunkel legt seine ganze Schwere auf seine Seele. Totale Finsternis umhüllt ihn: Die Sinne sinnen nicht mehr, der Sinn ist entsinnt und er selbst von Sinnen! Der Wahnsinn naht: Mäuse und Ratten überall, die Mächte der Hölle sind losgelassen ...

Die Art und Weise, wie Franziskus die Sprache wiederfindet, gehört zu dem, was man »Gnade« nennt. Überraschend, plötzlich sinnt es wieder in ihm: Nicht nur Worte steigen auf, sondern auch eine Melodie und damit verbunden die Vision einer Welt, in der alles einen Namen hat, ja sogar den eines Bruders oder einer Schwester. Und da er – wie jeder Mensch – »unwürdig ist, Gott zu benennen«, unfähig vielleicht auch, hilft ihm die ganze Schöpfung, die Sprache zu finden. Der Reihe nach ruft er Sonne, Mond und Sterne auf, daß sie doch sagen sollen, was er nicht kann; und dann Wind und Wasser, Feuer und Erde, daß sie doch die Worte sagen sollen, die ihm entfallen sind; und dann auch noch den verzeihungs- und friedensfähigen Menschen und ganz zuletzt den Tod, daß sie doch den Sinn ins Wort fassen, der allem eingestiftet ist. Das Ergebnis ist der berühmte »Sonnengesang« von 1225.

Franziskus weiß offensichtlich, was ihm da gelungen ist. Brüder sollen das Lied in alle Ecken der Welt hineinsingen. In seiner Vision der geschwisterlich vernetzten Welt sollen sich alle finden: Mann und Frau, Kind und Greis. Verwunderlich ist, daß dieses Lied erst im 20. Jahrhundert die Resonanz findet, die es verdient. Erst die Ohnmacht und Sprachlosigkeit der ökologischen Krise führen dazu, daß man in diesem Text eine andere Umgangsweise mit sich selbst und der ganzen Schöpfung findet. Offenbar enthält er das Alphabet, mit dem man einen neuen Lebenssinn buchstabieren lernen kann.

Einübung in die Sehnsucht

EIN SONNENGESANG NACH GEDICHTEN
VON ROSE AUSLÄNDER

Wir leben in einer Welt, in der uns der Lobpreis oft, wenn nicht immer, in der Kehle stecken bleibt. Allzu sehr stürmen Bilder der Zerstörung und der Gewalt auf uns ein, viel zu sehr ängstigt uns, was auf uns zukommt. Visionen sind wichtig, rettende Bilder notwendig, um überleben zu können.

Die jüdische Dichterin Rose Ausländer (1901-1988) erlebt die Schrecken der Nazizeit und der anschließenden russischen Besatzungsmacht im Ghetto von Czernowitz (Bukowina), später »hält sie sich liegend aufrecht mit 30 Tabletten am Tag« (J. Serke) und – mit ihrer Poesie. Sie gleicht dem heiligen Franz von Assisi, der seinen Sonnengesang schrieb, »als er krank in San Damiano lag«, verfolgt von den dunklen Mächten der Hölle, die sich die Kleider von Mäusen und Ratten umwarfen. Wie ihm wird ihr im »Feuerofen« eine andere Weltsicht geschenkt. Sie beschreibt und beschwört mit Bildern und Worten eine andere Welt. Und ganz offensichtlich ist diese wirklicher als das Hier und Jetzt. Aus ihren Gedichten ließen sich – neben dem hier dargebotenen – viele eindrucksvolle »Sonnengesänge« zusammenstellen.

Aus diesen Gedichten offenbart sich eine Seelenverwandtschaft zweier Menschen, der jüdischen Frau aus dem 20. Jahrhundert und dem christlichen Heiligen aus dem Mittelalter. So deuten sie sich gegenseitig als Ausdruck einer unstillbaren Sehnsucht nach einer anderen Welt. Indem wir diese Gedichte und den Sonnengesang nachvollziehen, beginnt diese andere Welt real zu werden – inmitten der Zeit.

So üben wir sie ein, diese andere Welt, für die wir bestimmt sind. Sie soll nicht bloß Utopie bleiben, sondern Raum und Zeit haben, hier und jetzt.

Höchster allmächtiger guter Herr
Dir sei das Lied die Herrlichkeit die Ehre
und aller Segen
Dir allein Höchster kommen sie zu
Kein Mensch ist würdig dich zu nennen

MYSTERIUM

Die Seele der Dinge
läßt mich ahnen
die Eigenheiten
unendlicher Welten

Beklommen
such ich das Antlitz
eines jeden Dinges
und finde in jedem
ein Mysterium

Geheimnisse reden zu mir
eine lebendige Sprache

Ich höre das Herz des Himmels
pochen
in meinem Herzen

Lob sei dir mein Herr
mit deiner ganzen Schöpfung
vor allem mit dem Herrn Bruder Sonne
Er bringt uns den Tag
und spendet uns Licht
Schön ist er
und strahlend mit großem Glanz
Von dir Höchster ein Zeichen

Lob sei dir mein Herr durch Schwester Mond
und die Sterne
Am Himmel formtest du sie
glänzend kostbar und schön

SONNE II

Während ich schreibe
ist die Nacht
an mir vorübergegangen
nicht spurlos
ich spürte sie hämmern
in meinen Versen

Der Tag
schreibt andre Gedichte
sein schönstes
trägt er mir vor
Sonne

Ich kann nur
staunend zustimmen
nie
wird mir solches Lichtlied
gelingen

Über dir
Sonne Mond und Sterne

Hinter ihnen
unendliche Welten

Hinter dem Himmel
unendliche Himmel

Über dir
was deine Augen sehen

In dir
alles Sichtbare
und
das unendlich Unsichtbare

EINEN AUGENBLICK

Laß es geschehen
Himmlischer
daß ich an Deiner Herrlichkeit
teilhabe
einen Augenblick

Laß mich
ein winziges Sternchen sein
und die Erde schauen
in ihrer unvollkommenen
Vollkommenheit
einen Augenblick

Lob sei dir mein Herr durch Bruder Wind
durch Luft und Wolken
durch heiteres und jedes Wetter
Durch sie gibst du deiner Schöpfung Leben

Lob sei dir mein Herr durch Schwester Wasser
Sehr nützlich ist sie demütig kostbar und rein

Lob sei dir mein Herr durch Bruder Feuer
Durch ihn ist die Nacht erhellt
Schön ist er freundlich kraftvoll und stark

Lob sei dir mein Herr durch unsere Schwester Mutter Erde
Sie belebt und lenkt uns
Sie erzeugt viel Früchte
farbige Blumen und Gräser

BEKENNTNIS

Ich bekenne mich

zur Erde und ihren
gefährlichen Geheimnissen

zu Regen und Schnee
Baum und Berg

zur mütterlichen mörderischen
Sonne zum Wasser und
seiner Flucht

zu Milch und Brot

zur Poesie
die das Märchen vom Menschen
spinnt

zum Menschen

bekenne ich mich
mit allen Worten
die mich erschaffen

DIE GÖTTER

Die Götter
ja wußten sie
was uns not tut

Sie schenkten uns
was sie erfanden
Feuer Wasser Luft
die arglose Erde

Es war zuviel

wir steckten die Erde in Brand
Rauch verpestet die Luft
Luftwolken fallen ins Wasser
es tränkt uns
mit Gift

Die Götter zogen sich zurück
in den unnahbarsten Himmel

Lob sei dir mein Herr durch jene
die um deiner Liebe willen vergeben
und Schwachheit und Not ertragen
Selig die ausharren in Frieden
Du Höchster wirst sie krönen

WERBEN

Die großen Worte
sind verlorengegangen

Es heißt
mit winzigen Wörtern
werben
um Frieden und Liebe

im Namen der Religionen
im Namen der Ermordeten
im Namen der Lebenden
die leben wollen
im Gold und Grün
unsrer Erde

DU WEISST

Du weißt
die Erde ist schwarz

Du hörst
das Getümmel der Kriege
siehst an allen Enden
vernichtete Orte
da weint dein Herz

Du weißt
die Erde ist
grün und bunt

Deine Augen Spiegel
fangen auf
die blühende Erde
dein Herz frohlockt

Nicht wahr
du liebst
unsre böse herrliche
Erde

DAS SCHÖNSTE

Ich flüchte
in dein Zauberzelt
Liebe

im atmenden Wald
wo Grasspitzen
sich verneigen

weil
es nichts Schöneres gibt

Lob sei dir mein Herr
durch unsere Schwester den leiblichen Tod
Kein lebendiger Mensch kann ihr entrinnen
Weh denen die in tödlicher Schuld sterben
Selig die sie findet in deinem heiligsten Willen
Der zweite Tod tut ihnen nichts Böses

ATEM

Wir leben
von Atem zu Atem

In allen Pflanzen und Tieren
schlägt sein Luftherz

Wir
an sein Dasein gebunden
gehen ein mit ihm
in den Atem der Erde

NOCH BIST DU DA

Wirf deine Angst
in die Luft

Bald
ist deine Zeit um
bald
wächst der Himmel
unter dem Gras
fallen deine Träume
ins Nirgends

Noch
duftet die Nelke
singt die Drossel
noch darfst du lieben

Worte verschenken
noch bist du da

Sei was du bist
Gib was du hast

Lobt und segnet meinen Herrn
Dankt und dient ihm in großer Demut

PREISEN

Preisen
die Erde
und ihre unaufhörlichen Wunder

Sonne Mond Gestirne
und was dahinter
dichtet

Die Menschenbrüder
aufnehmen
im Herzgefäß
unsre winzige Ewigkeit

Übersetzung des Sonnengesangs: Anton Rotzetter
Sämtliche Gedichte S. 59-67: Rose Ausländer

Einübung in die Ordnung der Dinge

In einer Franziskuspredigt unterscheidet Matthäus von Aquasparta, einer der großen Franziskanertheologen des 13. Jahrhunderts, die Geschöpfe wie folgt:

▪ Geschöpfe, die bloß da sind: Mineralien, Steine, Felsen, Berge, Sterne, Sonne und Mond, Wind und Wasser, Feuer und Erde, Salz und Eisen, Sand und Meer ...

▪ Geschöpfe, die da sind und wachsen: Blumen, Kräuter und Gräser, Bäume, Sträucher und Büsche, Zellen, Keime und Knospen ...

▪ Geschöpfe, die da sind und wachsen und fühlen: Tiere des Feldes, der Luft und des Wassers: Igel und Hase, Reh und Hirsch, Käfer und Schlange, Hund und Katze, Ochs und Esel, Adler und Spatz, Maulwurf und Lerche, die kleinsten Zelleinheiten und die kompliziertesten Lebewesen ...

▪ Geschöpfe, die da sind und wachsen und fühlen und denken: der Mensch: Mann und Frau, Kind und Greis.

Mit anderen Worten: Wir Menschen sind nicht aus anderem Holz geschnitzt als die anderen Geschöpfe. Der Stein ist auch in uns, auch der Baum und der Adler sind in uns. Wir haben alles in uns – und jedes Mal, wenn etwas aus der Schöpfung verschwindet, werden wir weniger. Wir vernichten, was wir sind, wenn wir die Natur vernichten ... Daß dem so ist, müssen wir erkennen, weil es ja unser Denken ist, nicht einfach die Seele, sondern die Vernunftseele, die uns von allem anderen unterscheidet. Die Gemeinsamkeit, die Kommunion der Geschöpfe nicht wahrzunehmen, ist darum gerade der Beweis, daß wir weit hinter dem zurückbleiben, was wir sind.

Einige dieser Geschöpfe, mit denen wir kommunizieren können und sollen, werden von Franziskus im Sonnengesang ausdrücklich genannt. Aber Franziskus will mit allen Geschöpfen kommunizieren, nicht bloß mit einigen. Mit allen verbunden, will er sich dem Schöpfer des Himmels und der Erde lobend und preisend zuwenden. Der Dichter, der Franziskus ist, verdichtet, verwesentlicht die Dinge. Nicht im endlosen Aufzählen zeigt sich die dichterische Kraft, sondern in der Konzentration auf das Wesentliche. Darum greift Franziskus zur antiken Elementenlehre. Darnach besteht alles, was ist, aus bloß vier Elementen: Luft, Feuer, Wasser und Erde. Je nachdem, welches Element vorherrscht, ist es dieses oder eben etwas anderes.

Das gilt auch für den Menschen. Deswegen sagen wir heute noch von einem Menschen, der ganz sich selber ist: »Er ist in seinem Element.« Aber welches ist »mein« Element? – Ich kann es erkennen, wenn ich mich den Elementen aussetze, wenn ich der Schöpfung begegne. Ich kann sogar regenieren und heil werden, wenn ich mich den Wirkungen der Elemente aussetze, wie wir heute wieder neu entdecken.

Auf der antiken Elementenlehre beruht übrigens auch die Charakterlehre, welche unsern Großeltern noch allgemein bekannt war: Das Element des Cholerikers ist das Feuer, das des Sanguinikers die Luft, der Melancholiker besteht vorwiegend aus Wasser, der Phlegmatiker aus Erde.

Aus diesen Einsichten über die Ordnung der Dinge erwächst eine ganze Reihe von Einübungen, die unser Selbst erfahrbar machen sollen.

SONNE

Sonne
ich streck mich dir entgegen

Wärm mich
bestrahl mich
umhüll
durchdring mich mit Licht
und laß mich Sonne sein

MOND

Wie der Mond
bin ich
heut so – morgen anders
launisch
nehme zu – und nehme ab
bin leer – bin voll
bedrohlich – und entzückend
heut so – morgen anders
Laß mich Licht sein
in der Nacht
so oder anders

LUFT

Wind, Energie, Kraft
ich will dich spüren
außen:
auf der Haut
und in den Haaren
innen:
in meinem Herzen
und in meinen Händen
Stürm um mich
beweg mich
beflügle mich

WASSER

Wasser
will ich sein
klares, reines Wasser
In die Tiefe will ich streben
nach unten fließen
wie alles, was demütig ist
und wahr
Erfrischen will ich
mich vergießen
wie alles, was lebendig ist
und liebt

FEUER

Feuer und Flamme
seid in mir
Glut der Liebe
glüh in mir
Fackel der Hoffnung
brenn in mir

ERDE

Erde
will ich sein
bereit für den Samen
übersät von Blumen und Kräutern
voll Leben
Aber auch brach liegen
darf ich
ruhen
bis es Zeit wird
für neues Leben

LIEBE

Lieben will ich
und Frieden bringen
Vergeben will ich
und Brücken schlagen
Zärtlich sein
will ich
und alles Schwache verwandeln

TOD

Den Tod
will ich annehmen
jetzt schon
in jungen Jahren
damit ich frei werde
und mich geben kann
Hingeben
wie das Weizenkorn
sich
in die Erde gibt

IM ELEMENT

I

Wer bist du?
Feuer und Flamme?
Ein Fisch im Wasser?
Ein Vogel im Wind?
Bodenständig, erdenschwer?
Blitz und Donner?
Ans Wasser gebaut?
Vom Winde verweht?
Eine Schlange, die auf dem Boden kriecht?

2

Tu etwas!
Wag dich ins Freie
setz dich dem Wetter aus
fürchte nicht
Schnee und Sturm
Laß deine Haut
heiß werden und kühl
geschmeichelt und ausgepeitscht
Spüre das Keuchen
und den ruhigen Atem

Zieh die Schuhe aus
und die Strümpfe
Geh barfuß
auf heiligem Boden
Lern den sanften Schritt
Oder leg dich nackt
auf die nackte Erde
einfach so ins kühle Gras
auf den Bauch, auf den Rücken

Streck alle Viere von dir
Heb einen Stein auf
einen Wurm
Bring das Kleine zur Geltung
Knet ein Stück Lehm
gib ihm Form und Gestalt

Zünd ein Feuer an
schau in die Glut
Laß dich wärmen
allein oder mit anderen
Erzählt euch Geschichten am Feuer
reicht euch die Hände

am Herd der Liebe
Hüt den Herd und das Feuer

Laß frisches Wasser fließen
auf deinen Puls
auf die Halsschlagader
auf die müden Füße
Leb einen ganzen Tag
nur von Wasser und Brot
Verfolg einen Bach zurück
bis zu seinem Ursprung
Geh zur Quelle
trink Wasser
mit der hohlen Hand

ORIENTIERE DICH

Die Sonne geht im Osten auf
Oste dich
orientiere dich
suche Halt und Sinn
in dieser Welt:
Jesus von Nazaret
Sei wie die Kirchen
und schau in die Richtung
der aufgehenden Sonne
Erwarte das Licht des Morgens
des herandrängenden Tages

WIE GOTT DEN MENSCHEN SCHUF

Als Gott die Erde geschaffen hatte und er sich über all die Schönheiten freute, wollte er seine Freude und sein Glück teilen mit einem
Wesen, das ihm besonders ähnlich sein sollte. Da fiel Gottes Blick

auf die Berge mit ihrer Standfestigkeit, ihrer Form und Gestalt. Er nahm davon und sprach: »Knochen will ich dir schaffen, damit du aufrecht sein kannst, Form und Gestalt bewahrst, dein Leben lang.«

Dann fiel Gottes Blick auf das Wasser mit seiner Lebendigkeit, seiner Möglichkeit zur Veränderung und Erneuerung. Er nahm davon und sprach: »Lebenssäfte will ich dir schaffen, damit Freude und Phantasie dich beleben, dein Leben lang.«

Dann fiel Gottes Blick auf die Erde mit ihrer Fruchtbarkeit, den Pflanzen und Tieren. Er nahm davon und sprach: »Fruchtbarkeit und Wachstum will ich dir schaffen. Gedanken sollen in dir wachsen wie Bäume, Taten wie Früchte. Vom Fühlen der Tiere will ich dir geben. Leben sollst du, hüten und mehren, solange du bist.«

Dann hauchte Gott dem Menschen seinen eigenen Atem ein und sprach: »Die Luft, die du atmest, soll dich mit mir und mit allen Wesen verbinden. Nimm und gib, gib und nimm!«

Als Gott voll Wohlgefallen den Menschen ansah und alles gut fand, sprach er: »Mein Innerstes will ich dir geben, mein eigenes Wesen mit dir teilen. Doch diese Gabe sollst du selber suchen. Dazu schenke ich dir Sehnsucht. Wohin soll ich dir mein innigstes Geschenk verstecken?

Soll ich das sicherste Versteck wählen, es ins harte Gestein des Erdinneren legen? Nein, du könntest müde werden beim Suchen.

Soll ich das schwerste Versteck wählen, es im lebendigen Wasser verbergen? Nein, du könntest dich in den unendlichen Formen verlieren beim Suchen.

Soll ich das leichteste Versteck wählen, es an die Oberfläche des Lebens legen? Nein, du würdest die Kostbarkeit nicht erkennen.

Ich will dir mein kostbarstes Geschenk ins schönste Versteck bergen, damit du es gerne suchst und findest, dein Leben lang: ins Herz deines Nächsten.«

Und so legte Gott sein innerstes Wesen, seine Liebe ins Herz eines jeden Menschen und tut es bis heute.

Geh und suche und finde!

Elisabeth Bernet

Einübung in die Beziehung

Der Sonnengesang besingt die Geschwisterlichkeit: Alles, was ist, hat ein Gesicht, zeigt sich und kann angeschaut werden; nimmt Beziehung auf mit allem anderen, will in einem universalen Netz der Beziehung geborgen sein. Jedes Geschöpf erweist sich dem anderen als Bruder oder Schwester. Nichts ist von dieser allumfassenden Geschwisterlichkeit ausgeschlossen, jedes ist mit allem und alles mit jedem innerlich verbunden. Franziskus will uns befreien von der schrecklichen Wirklichkeit, in der jeder nur auf sich selbst bezogen bleibt, in der der Mann über die Frau und der Mensch über die Natur und jedes Geschöpf über das andere gesetzt ist, andere beherrscht und ausbeutet. Er singt uns hinein in eine Welt, in der es kein Oben und Unten mehr gibt, in der die Gegensätze versöhnt sind. Die Sonne wird zwar Herr genannt, aber »Bruder Herr« – die Brüderlichkeit soll das Herrsein adeln, wo es nicht ganz verschwindet; ebenso wird die Erde Mutter genannt, aber »Schwester Mutter« – die Schwesterlichkeit soll das Verzehrende, Bindende der Mütterlichkeit mit zarter Hand wegdrängen und der freigebenden Liebe Raum schaffen. Es gibt nur noch das Gegenüber, die gleichwertige Beziehung, die Zuwendung, Nähe. Geschwisterlichkeit wird zum Grundwort, ja zur rettenden Vision.

Nicht übersehen werden darf die innere Struktur des Sonnengesanges. Zwischen der Einleitungs- und der Schlußstrophe feiert Franziskus sozusagen eine vierfache Hochzeit: die Hochzeit von Sonne und Mond, von Wind und Wasser, von Feuer und Erde, von

Liebe und Tod. Im Deutschen ist das zwar nicht so deutlich erkennbar, aber im Italienischen ist das jeweils zuerst genannte Geschöpf männlich, ein Bruder, das jeweils zweite Geschöpf weiblich, eine Schwester (vgl. S. 12f.). Beide werden in eine ekstatische Umarmung geborgen, in Geben und Nehmen, Handeln und Geschehenlassen zu lebendigen Lebensgemeinschaften verbunden. Es ist, als ob Franziskus sagen wollte: Was die Welt im Innersten zusammenhält, ist die Beziehung, die Umarmung, der Kuß. Die geschwisterliche Paarbeziehung wird zum Angelpunkt der Welt: »Es ist nicht gut, daß der Mensch allein sei. Ich will ihm eine Hilfe machen, die ihm entspricht«, sagt Gott in der Schöpfungsgeschichte (Genesis 2, 18). Auch die geschlechtliche Differenzierung wird mit dem Gedanken der Geschwisterlichkeit durchdrungen. Sexualität ist nicht der Ort, an dem Herrschaft, Macht und Gewalt, Über- und Unterordnung sich austoben dürfen. Sie soll ausschließlich Ausdruck des liebenden Umfangens sein, der ekstatischen Liebe, in der beide, Frau und Mann, in den Himmel hineinwachsen, der gegenseitigen Hingabe, in welcher der auf der Erde kriechende Mensch Flügel bekommt.

Aufgrund der antiken Einsichten ist die Paarbeziehung von Mann und Frau durch das Schema »aktiv-passiv« geprägt: Die Frau verhält sich dem Mann gegenüber rein passiv, der Mann der Frau gegenüber rein aktiv. Wir wissen heute, daß diesem Schema eine falsche Wahrnehmung der Wirklichkeit zugrunde liegt. Um den Sonnengesang aber zu verstehen, müssen wir für einen Augenblick die besseren Einsichten aufgeben. Die Sonne ist Licht aus dem eigenen Inneren und verströmt es, der Mond hat kein eigenes Licht, er empfängt es von der Sonne. Der Wind ist aus seinem Wesen heraus bewegende Kraft und Leben, das Wasser aber ist nur dann lebendig, wenn es den Wind in sich hineinatmet. Das Feuer lodert und brennt, die Erde jedoch hat Bestand und Dauer nur dann, wenn sie wie ein getöpferter Krug durch den feurigen Ofen gegangen ist. Die Liebe ist ganz und gar sich selbst, aber nur dann, wenn sie sich hingibt, und das ist die Chance des Todes: Wenn die Liebe in ihn eingeht, dann wandelt er sich zum neuen Leben. Für jedes dieser »Hochzeitpaare« könnte eine Fülle von Gedanken aus der Weisheit der Völker zusammengetragen werden. Sie würden eine ganz neue mystische Weltsicht vermitteln. Die geschlechtliche Differenz geht ein in die geschwisterliche Paarbeziehung. Das Höchste, was unter Menschen zu erleben ist, wird in die gesamte Wirklichkeit eingezeichnet. Die Schöpfung wird zum Spiegel der liebenden Umarmung von Frau und Mann. Aber nicht nur das: Die Umarmung wird zum grundsätzlichen Modell der Begegnung. Alle Wesen sollen sich wie Mann und Frau geschwisterlich umfangen.

An dieser Stelle sei ein Einwand aufgenommen: Wo sind im Sonnengesang die Wesen, die dem Menschen am meisten gleichen? Die Tiere, die ein Gesicht haben: Augen, die einen so traurig oder freudig, so dumpf oder lebendig anschauen; Ohren, die unsere Ansprache hören, eine Nase, die vielleicht sogar viel besser ausgebildet ist als die unsere, einen Mund, der auf seine Weise Gottes Lob singt?

Franziskus hat sich, wie wir durch unzählige Geschichten belegen könnten, den Tieren besonders verbunden gefühlt: Er hielt mit ihnen Zwiesprache; er verkündete ihnen das Evangelium, sie waren oft seine Begleiter. Daß sie im Sonnengesang fehlen, hat damit zu tun, daß sich der Dichter auf die Elemente konzentriert, die ja auch das Wesen der Tiere ausmachen. Auf jeden Fall: Für Franziskus ist selbst der Stein noch ein Bruder, der durch den Auftritt des Menschen verletzt und verwundet werden kann (vgl. S. 45). Jedes Geschöpf ist ein Du, das es zu ehren und zu umarmen gilt.

WIE GOTT DEN MENSCHEN SCHUF

Am Anfang war Gott allein.
Doch er wollte nicht allein sein.
Er wollte lieben und geliebt werden.

So rief er die Erde und den Himmel –
und die Liebe fiel auf die Erde
und keimte und grünte zum Himmel zurück.
Er rief die Sonne und den Mond –
und sie strahlten von Liebe
die Sonne am Tag und der Mond in der Nacht.

Er rief das Wasser –
und es sprudelte Liebe hinunter in die Täler.
Er rief das Feuer –
und es loderte und entflammte die Liebe.
Er rief die Luft –
und sie hauchte und wehte Liebe
geradeso wie sie wollte.
Und dann hauchte Gott Vögel in die Luft
und sie flatterten.
Er legte Fische ins Wasser
und sie taumelten von Liebe zu Liebe.
Und anderen Tieren zeichnete er ganz persönlich
Augen, Mund, Nase und Ohren,
damit sie ein liebliches Gesicht hätten
und dem Wesen glichen,
das er ganz zuletzt mit besonderer Hingabe formte.

Gott beugte sich tief hinunter zur Erde.
Er nahm vom Acker eine Handvoll Erde.
Er schloß die Augen, um ganz bei sich zu sein.
Und dann begann er zu kneten und zu formen
was er in sich selbst gesehen hatte.
Er gab seine Zärtlichkeit hinein in die Hände
in die Finger.
Er knetete und knetete und knetete
und schaute und schaute
und formte und formte
den Menschen.
Als er zufrieden war mit seinem Werk
nahm er allen Atem, den er in sich hatte
und hauchte ihn warm und liebend an:
die Füße, die Beine, den Bauch, die Brust, das Gesicht.
Und dann legte er seine Lippen auf die Lippen des Menschen
und küßte und hauchte
bis der Mensch sich bewegte
und die Augen aufschlug.

Und Gott wurde innerlich entflammt von seiner Liebe
und schaute Adam in die Augen
und sagte:
Mensch, du, mein Ebenbild!
Ich will, daß du mich vertrittst
in der Liebe, die ich habe
für Sonne und Mond
für Himmel und Erde
für Feuer und Wasser
für Luft und für alles, was lebt
– und gegenüber allen, die Menschen sind wie du.
Ach, Mensch du, mein Ebenbild!

Und dann nahm Gott den Menschen in die Arme.
Er drückte ihn ans Herz,
ganz lange –
und ließ ihn dann los,
damit er seinen Weg gehen könne.

WENN DU HÖREN WILLST

Wenn du hören willst, Mensch –
dann leg dein Ohr an die Erde
und vernimm die Klage
des Wurmes, des Käfers, der Larven,
der Mäuse und Maulwürfe,
der Grillen und Igel.
Vergiftet ist ihr Boden,
zubetoniert ihr Lebensraum.

Wenn du hören willst, Mensch –
dann leg dein Ohr an die Erde
und vernimm den Lobgesang
der verbleibenden Wesen:
Wie sie preisen den Schöpfer
für die Schichten des Bodens,

für den Duft
und die Fruchtbarkeit der Erde.

Wenn du hören willst, Mensch –
dann halte dein Ohr in den Wind.
Lausche der Klage
der Bienen und Insekten,
der Schmetterlinge und Vögel.
Verbaut ist ihr Unterschlupf,
gefällt ihre Bäume,
verbrannt ihre Hecken,
die Luft mit Blei und Gift beladen.

Wenn du hören willst, Mensch –
dann halte dein Ohr in den Wind
und vernimm den Chor des Jubels:
wie sie preisen den Schöpfer
für die Nebelschleier und die Morgenröte;
für die Sonnenstrahlen und das Licht.

Wenn du hören willst, Mensch –
dann senke dein Ohr in die Wasserfluten und vernimm
die lautlosen Schreie der Wassertiere:
vom Seestern bis zum Wal
rufen sie ihre Not in die Fluten.
Ihre Lebensräume sind zerstört,
und ihr Element ist vergiftet.

Wenn du hören willst, Mensch –
dann höre den vielstimmigen Gesang
vom Plankton bis zum Wal:
wie sie preisen den Gott der Tiefe
für die Wunder des Meeres
und den Zauber der Wasser
und die Kraft allen Lebens.

Wenn du hören willst, Mensch –
dann verschließe nicht länger dein Ohr

und vernimm den Todesschrei
derer, die abgeknallt und gefangen,
mißhandelt und ausgerottet,
für schädlich und gefährlich erklärt
gegen den, der sie schuf mit liebender Hand
und weisem Herzen.

Wenn du hören willst, Mensch –
dann öffne dein Ohr und höre den Lobpreis
der Löwen und Geparden,
der Bären und Nashörner,
der Elefanten und Esel,
der Affen und Giraffen,
der Gazellen und Hirsche,
aller Tiere,
die noch Atem haben auf diesem Stern.

Lausche ins eigene Herz.
Du bist ein Ton im ganzen Chor.
In dir klingt der Stein
und jubiliert die Lerche,
in dir schallt der Ruf der Kraniche
und das Winseln der Schakale,
das Blöken des Lammes
und das Heulen des Wolfes bei Nacht.
Du bist ein Ton im Ganzen.
Lausche, Mensch – lausche und singe.

Elisabeth Bernet

UNIVERSALE GESCHWISTERLICHKEIT

Wer von der göttlichen Hoffnung durchdrungen ist, der wird besorgt sein für jedes Kraut und jeden Baum, für jede Blume und jedes Gras. Er wird darin das pulsierende Leben erkennen, das auch in uns fließt. Und er wird dafür sorgen, daß nirgendwo Lebensprozesse unterbunden und zerstört werden.

Wer von der göttlichen Hoffnung durchdrungen ist, der wird seine Verwandtschaft erkennen mit allen Geschöpfen, die Augen haben, Ohren, Nase und Mund, ein Gesicht wie wir. Er wird den Tieren die ganze Zuwendung schenken: von Angesicht zu Angesicht! Er wird dafür sorgen, daß sie aufhören, Objekte unserer Gier zu sein.

Wer von der göttlichen Hoffnung durchdrungen ist, der wird das Menschsein des Menschen in allem suchen. Er wird aufhören, sexistische, ethnische, nationalistische, rassistische, kontinentale, menschenbezogene Eingrenzungen zu machen. Die Welt ist eine Einheit, auf die wir hinwachsen müssen. Universale Geschwisterlichkeit mit allen und jedem ist der Weg, den wir gehen müssen, und das Ziel, das uns vorgegeben ist.

UMARME EINEN BAUM

Drück
einen Stein an dein Herz
und küß einen Tropfen Wasser

Sing
den Blumen ein Lied vor
und umarm den einsamen Baum
auf dem Feld

Schau
einem Hund in die Augen
und adoptiere
ein verlassenes Tier

Geh Hand in Hand
mit deinem Nachbarn
und folge
deinem eigenen Schatten

Nimm einen Würfel zur Hand:
sechs Augen schauen dich an!
So spiel
das Spiel mit den Augen
und würfle:

ein Auge –
Gottes Auge!
Fühl Gottes liebendes Auge!

zwei Augen –
der/die Geliebte und ich!
Ich verweile mit Wohlgefallen
bei meinem Augapfel!

drei Augen –
Menschen, die mich umgeben!
Ich sehe ihren fragenden Blick!

vier Augen –
Wind und Wasser,
Feuer und Erde,
alles schaut mich an
und fragt, wer ich bin!

fünf Augen –
jeder Finger
schaut aus nach Möglichkeiten
für das Fingerspitzengefühl!

sechs Augen –
Glückskind!
Du darfst dreimal würfeln
und die Lust aller Augen kosten!

1. Ich höre, was der andere sagt: die Worte, die Stimme und den Sinn und das Gefühl dahinter.

2. Ich gebe mit meinen Worten wider, was der andre gesagt hat, und frage zurück, ob ich richtig verstanden habe. Denn das Mißverständnis ist der Normalfall.

3. Ich rede immer nur für mich selbst, sage »ich« und nicht »man« und nicht »wir«.

4. Ich rede nur von dem, was ich wirklich weiß, und nur mit Worten, die mit eigener Erfahrung gefüllt sind.

5. Ich unterscheide zwischen Beziehung und Sache. Der andere hat mich auch dann lieb, wenn ich eine andere Meinung habe. Ich liebe den anderen auch dann, wenn er mir nicht zustimmt.

6. Ich bin mir bewußt, daß das Gespräch nur dann vorankommt, wenn ihm das Schweigen und das Hören innewohnen.

7. Ich gehe dem Konflikt nicht aus dem Weg: Er gehört zum Leben. Aber ich suche den Konflikt zu lösen durch intensiveres Hören, durch ein klärendes Gespräch, durch Geduld und durch Kompromißbereitschaft.

Einübung in die religiöse Dimension der Schöpfung

Das Wesen der Schöpfung ist so sehr Beziehung, daß nicht nur jedes Geschöpf davon erfaßt ist, sondern auch die Schöpfung im Ganzen. Immer wieder sind die Dinge mehr als das, was sie sind. Hinter jedem einzelnen Ding steht eine unendliche Weite, von der es zeugt und auf die es hinweist. Und das All ist das Universum nur dann, wenn es mehr als alles ist. Mit anderen Worten: Die Welt hat nicht genug an sich selbst, ja, sie würde zugrundegehen, wenn da nicht noch das Geheimnis wäre, das allem innewohnt und gleichzeitig alles unendlich übersteigt. Wir nennen dieses Geheimnis »Gott«. Was aber ist damit gemeint?

Ein Wesen, das reine Beziehung ist, sagt die biblische Tradition: der, der da ist; der, der auf uns zukommt; der, der uns gegenwärtig ist; der, der uns befreit. Innergeschichtlich, meint die Bibel, ist Gott als Geheimnis erfahrbar, das sich auf uns bezieht, lauter Zuwendung, die uns bei der Hand nimmt, Antlitz, das sich zeigt, Kraft, die sich mitteilt, Gegenwart, die sich zusagt, »Person«, die uns lebendig macht.

Das christliche Glaubenszeugnis geht noch etwas weiter. Es verkündet Gott als Geheimnis, das nicht nur im Hinblick auf den Menschen Beziehung ist, sondern auch innerhalb seines eigenen Wesens. Einfach die menschliche Erfahrung von Mann und Frau in das Geheimnis Gottes einzuzeichnen, ist viel zu wenig. Gott ist nicht nur ein Paar, wie einige heute behaupten, er ist dreifaltig, wie wir glauben: ein lebendiges Ich, das einem ebenso lebendigen Du gegenübersteht, und die Einheit, die aus der gegenseitigen Liebe entspringt. Das Wir, das daraus entsteht, ist so dicht und so kompakt, daß es wesentlich ist, nicht zurückgenommen werden kann, sondern dem Ich und Du Gottes stets innewohnt; die zärtliche Umarmung kann sich nicht auflösen, der Kuß seine Innigkeit nicht verlieren. Umarmung und Kuß ist das Wesen Gottes selbst.

Das übersteigt gewiß unser Verstehen und Begreifen. Aber weil Gott sogar auch die Paarbeziehung übersteigt und dreifaltige Beziehungsgemeinschaft ist, läßt sich auch seine Schöpfung nicht bloß auf Zweierverhältnisse zurückführen. Gottes Spuren in der Schöpfung sind darum die Zweipoligkeit ebenso wie darüber hinaus die »Dreispurigkeit«. Der »Dualismus«, also jene Weltsicht, welche die Wirklichkeit auf bloß zwei Prinzipien zurückführt, ist darum ein Irrweg. Es gibt eben mehr als bloß Mann und Frau, Tag und Nacht, Schwarz und Weiß, Licht und Finsternis, Seele und Leib, Gut und Bös, Ying und Yang...

Das Mittelalter war darauf aus, die dreifaltige Struktur in der Schöpfung aufzudecken: Geist, Verstand und Wille; Geist, Seele und Leib; Festland, Meer und Luft; Glaube, Hoffnung und Liebe...und vieles mehr. Franziskus weist im Sonnengesang immer wieder auf diese Spur: Gott ist der »höchste, allmächtige, gute«; die Sterne am Himmel sind »glänzend, kostbar und schön«; die Erde »erzeugt viel Früchte, farbige Blumen und Gräser«...

Das dreipolige Wirklichkeitsverständnis, der dreifaltige Gott, dessen Spuren in der Schöpfung aufzudecken sind, ist ein spezifisch christlicher Gedanke. Er bleibt im Sonnengesang im Hintergrund des Textes. Hingegen ist das, was Franziskus zur religiösen Dimension der Schöpfung ausdrücklich sagt, mehr oder weniger allgemein zugänglich.

Im Sonnengesang hat diese religiöse Dimension folgende Aspekte:
■ Die realisierte Gottesbeziehung: Der Mensch antwortet dem Geheimnis, das sich zur ganzen Schöpfung und zu den einzelnen Geschöpfen in Beziehung setzt. Das beginnt mit dem intuitiven

Erahnen, das jedes Geschöpf über sich hinausweist und gerade darin seine »Bedeutung« hat. Es setzt sich fort mit dem Staunen, für das es keine Selbstverständlichkeiten gibt, mit der Verwunderung, daß etwas so ist, wie es ist. Es intensiviert sich in dem, was man allgemein Gebet nennt: im Befragen des Geheimnisses, in der Anrufung, im stellvertretenden stillen Verwiesensein, im inständigen Herbeiwünschen der rettenden Gegenwart. Es tritt über sich hinaus im ekstatischen Jubel, im selbstvergessenen Lob Gottes, im nicht abreißenden Dank der Schöpfung, in der hingegebenen Anbetung.

▪ Das symbolische Weltverständnis: Der Mensch steht immer vor dem, was mehr ist als alles und mehr als jedes Ding. Alles ist Fragment, Sakrament, Symbol. Das heißt: Jeder Stein ruft, jede Blume kündet, jedes Tier spricht, jeder Mensch ist gesandt. Die Botschaft der Geschöpfe vernehme ich aber nur, wenn ich ganz und gar Ohr bin für das einzelne, das mir begegnet; wenn ich das einzelne in seinem Dasein und in seinem Sosein vernehme, wahrnehme, im biblischen Sinn erkenne: liebe, umarme, ins Herz schließe. Religion ist nicht Gottesbeziehung an der Schöpfung vorbei, auch nicht etwas, was gedanklich vor der Begegnung mit den Geschöpfen liegt, sondern etwas, was sich im konkreten Wahr-nehmen der Dinge ergibt.

An dieser Stelle ist nochmals an den tiefen Symbolgehalt des Sonnengesanges zu erinnern. Das »Aktiv-passiv-Schema«, das im Sonnengesang fälschlicherweise, wie wir gesehen haben, der geschlechtlichen Differenzierung unterschoben ist (vgl. S. 76ff.), wird nun zum Symbol für das Verhältnis Gottes zu den Menschen. Eben darum müssen wir unser besseres Wissen für einen Augenblick zurückstellen. Der »männliche« Pol der Paarbeziehung wird in einem solchen Wirklichkeitsverständnis zum Symbol für Gott, der »weibliche« Pol zum Symbol des Menschen. Gott ist die Sonne, und wir Menschen der Mond: Wir können und sollen das Licht Gottes widerstrahlen! Gottes Geist ist der Wind, der weht, wo er will, die Luft, die zum Atmen notwendig ist – und wir Menschen sind das Wasser, das sich im Anhauch Gottes kräuselt und in seinem Sturmesbrausen hohe Wellen schlägt, auf jeden Fall nur im Atmen lebendig bleibt! Gott ist das Feuer der Liebe, das lodert und brennt, sammelt und wärmt – und wir sind die Erde, die nur im

Gang durch das Feuer Bestand, Dauer und Ewigkeit erlangen! Gott ist die Liebe, die vergibt, Frieden stiftet, das Leiden durchglüht – und wir sind, auf uns selbst gestellt, tot, aber wenn die Liebe Gottes in uns lebt, gehört der Tod der Vergangenheit an; wir haben nichts zu fürchten: vor uns steht nur noch das Leben.

Dies ist die erotisch-religiöse Dimension, welche Franziskus im Sonnengesang ausdrücklich ansichtig macht. Sie ist allgemein zugänglich, weil sie vordergründig noch nicht die besondere Gottesoffenbarung der Bibel voraussetzt. Das heißt allerdings noch nicht, daß auch tatsächlich alle Menschen diese religiöse Dimension vollziehen. Es ist durchaus möglich, daß die einen ihr gleichgültig gegenüberstehen und daß sie von den anderen als unbegründet abgelehnt wird. Vielleicht ist sie für viele nichts anderes als eine Projektion des Menschen. Demgegenüber läßt sich mit L. Kolakowski fragen: »Ist die Behauptung, die mystische Liebe sei abgeleitet vom weltlichen Eros, denn plausibler als die andere, daß der weltliche Eros ein blasser Abglanz der allumfassenden göttlichen Liebe sei, aus der heraus das Weltall konzipiert wurde? Ist Gott ein entfremdeter Mensch oder ist der Mensch Gottes Selbstentfremdung?«

ÜBERFLUSS DES LEBENS

So viele Farben und Formen –
warum?
Das Glitzern der Sterne –
warum?
Keine Schneeflocke gleicht der anderen! –
Warum?
Das Rieseln des Wassers –
warum?
All das dient keinem sichtbaren Zweck!
Es ist einfach da –
damit ich staune
und danke und singe

SPUREN DER ENGEL

Was Lachen des Kindes
und das Leuchten der Augen
die Freiheit im Kleid des Humors
und der Witz inmitten der Not
Die Sehnsucht nach Liebe
und der Schrei nach Gerechtigkeit
Der Fluch im Leid
und die unbändige Hoffnung
Ein Engel muß seine Spuren hinterlassen haben
Alles weist über sich hinaus!

DAS UNGEHALTENE VERSPRECHEN

Liebe –
ich liebe dich mehr als alles
und bin zu klein
um das Versprechen einzulösen!
Mehr als alles!
Ungesättigte Liebe
stets enttäuschte –
und doch ist alles
und noch viel mehr
in jedem Wort
und in jeder Tat
in jedem Stein
und in jedem Baum!

WIE HOCH ICH WOHNE?

Wie hoch ich wohne?
Niemals
noch zählte ich,
wenn ich stieg,

die Treppen bis zu mir:
wo alle Treppen aufhören,
da beginnt
mein Dach und Fach.

Friedrich Nietzsche (1844-1900)

AUCH WENN WIR NICHT WOLLEN

Was ist Rom?
Es zerfällt.
Was ist die Welt?
Sie wird zerschlagen ...
Auch wenn wir nicht wollen:
Gott reift ...
Ich fühle dich. An meiner Sinne Saum
beginnst du zögernd, wie mit vielen Inseln,
und deinen Augen, welche niemals blinzeln,
bin ich der Raum ...
Dein ganzer Himmel horcht in mich hinaus.

Rainer Maria Rilke (1875-1926)

Einübung in den verborgenen Hintergrund der Schöpfung

Franziskus sagt in seinem Sonnengesang mehr, als ein erstes Hinhören vermittelt. Er ritzt das Besondere der christlichen Gottesoffenbarung in die Tiefenschicht des Textes, in die Art und Weise, wie der Text innerlich verknüpft und zusammengewoben ist. Dazu gehört auch die »Dreispurigkeit«, von der schon die Rede war (vgl. S. 86f.). Dem dreifaltigen Gott steht die ganze Schöpfung gegenüber, die in der immer wiederkehrenden Aneinanderreihung von drei Gliedern greifbar ist; mehr noch: Die dreifaltige Beziehungswirklichkeit Gottes wohnt der Schöpfung inne.

Hinzu kommt jetzt aber das Christusereignis. Franziskus, der Künstler und Dichter, stanzt das Geheimnis des menschgewordenen Gottes mit verschiedenen Kunstgriffen in die ganze Schöpfung.

■ Ein erster Kunstgriff: Franziskus gliedert den Text des Sonnengesanges in dreiunddreißig Zeilen (vgl. S. 12f.), nicht mehr und nicht weniger! Das ist ein chiffrierter Hinweis auf die dreiunddreißig Lebensjahre Jesu: Wer Augen hat, der sehe, und wer Ohren hat, der höre. – Die ganze Welt, das Universum des Himmels und der Erde, der Kosmos, die Geschichte der Menschen – alles ist innerlich und unwiderruflich mit der Biographie dieses wunderbaren Menschen verbunden, den der Christ als den »Sohn Gottes« glaubt und bekennt.

■ Ein zweiter Kunstgriff: Franziskus verbindet auf eindrückliche

Art die erste und letzte Zeile des Textes. Jeweils zwei sinntragende Worte bilden, wenn sie miteinander in Beziehung (!) treten, drei wesentliche Grundlinien der franziskanischen Spiritualität. So wird nicht nur dicht und kompakt eine Lebensform sichtbar, sondern es leuchtet im Hintergrund der Schöpfung das Licht auf, das sie erhellend durchdringt: Jesus Christus. Das sternförmige Christusmongramm ist eingraviert in alles, was ist! Nochmals: Wer Augen hat, der sehe, und wer Ohren hat, der höre. – Sonne, Mond und Sterne, die elementaren Kräfte der Welt, das Schicksal der Menschheit liegen in der Hand des Gekreuzigten und Auferstandenen. Einen Rückfall ins Nichts oder ins Chaos darf und kann es nicht geben. Wir müssen und können uns mit den göttlichen Kräften verbinden, welche für immer und ewig die Schöpfung erfüllen, zwar nicht sichtbar, aber glaubbar und lebbar.

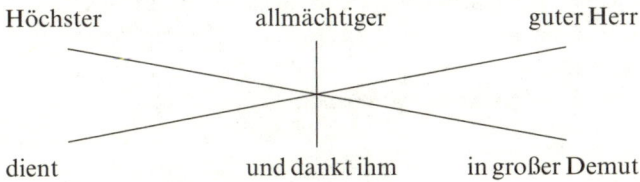

Die drei Grundlinien der franziskanischen Gotteserfahrung, die das ganze Leben durchformen und gestalten werden, lassen sich wie folgt kurz darstellen:

Gott ist ganz gewiß der Höchste, aber erfahrbar ist er nur in seiner demütigen Gestalt, in der »humilitas«, wie das auf Lateinisch heißt, im Irdischen und Menschlichen (humus = Ackerboden; homo = der von der Erde Genommene: der Mensch; humilitas = die Annahme der eigenen Wahrheit, von der Erde genommen zu sein und an sie gebunden, ihr verbunden zu bleiben). »Im Kleinsten ist Gott der Größte!« Und: »Gott ist immer noch kleiner!« Gott ist wie das Wasser, er sucht den untersten Punkt, und nur wer hinabsteigt von allen erklommenen Gipfeln und Thronen, wird ihm begegnen.

Gott ist ganz gewiß der Allmächtige, aber erfahrbar ist er nur als Diener. Er erdrückt nicht, er wäscht uns die Füße; er verdrängt den

Menschen nicht, er nimmt sich vielmehr zurück, um uns Raum zu geben. Und nur wer es ihm gleichtut, wird es erfassen.

Gott ist ganz gewiß der Gute; das ist nach Franziskus sogar die hervorstechende Eigenschaft. Gott ist wie Honig auf den Lippen, wie das Blöken von Schafen, wie der beseligende Anblick des Schönen. Deswegen soll das ganze Leben zu einem einzigen Dank werden.

Alle drei Verhaltensweisen Gottes verdichten sich in der Person Jesu. Er ist Gottes Demut, Gottes Dienst, Gottes Güte. Davon ist die Schöpfung voll. Das kann man gläubig entdecken, sehen, leben!

■ Der dritte Kunstgriff: Franziskus durchbricht die Kette der Benennungen. Die Liebe, das entscheidende Wort in der Friedensstrophe, ist zwar männlich, aber sie wird nicht mehr mit dem Brudernamen versehen. Die Liebe ist ja nicht ein Einzelnes, sie ist alles in allem, Gott selbst, der sich selbst radikal und total wegschenkt und gerade so mit sich selbst identisch bleibt. Die Liebe Gottes verdichtet sich in der Hingabe Jesu am Kreuz. Eine größere Liebe gibt es nicht als die, die sich ganz hingibt! Sie ist darum Maß und Motiv für alle, die sich Christen nennen.

DURCH DIE NATUR GEHEN

Durch die Natur gehen
und sich mit ihr eins wissen
Die Vögel das Lob Gottes singen hören
und sich mit ihnen vereinen
Die Vielfalt der Blumen bestaunen
und den guten Gott preisen
Dem Wind lauschen
und seinen Bewegungen folgen
Die Spuren der Schöpfung entdecken
und in ihnen zu Gott gelangen
Das Wasser hinabfließen sehen
und seine Demut nachahmen
In allen Menschen Gottes Bild schauen

und ihnen von Herzen dienen
Sich im Rhythmus des Tages bewegen
und mit der Kirche beten.

Im Bild sein
und aus dem Rahmen fallen
wie die Vögel

Nahe sein
und das Weite suchen
wie die Vögel

Auf der Erde hüpfen
und in die Höhe fliegen
wie die Vögel

Vermitteln wie die Vögel
zwischen Mensch und Mensch
zwischen Himmel und Erde
zwischen Natur und Kultur
zwischen Außen und Innen.

ETWAS EMPORHEBEN

Jedes Stück dieser Erde
ist heilig
Du kannst es aufheben
Du kannst ihm Bedeutung geben
Du kannst es in die Mitte stellen
Du kannst es vor Gott feiern:
eine Olive
eine Wurzel
eine Baumrinde
einen toten Schmetterling
die Schweißperle auf deiner Stirn
die Schneeflocke, die vom Himmel fällt ...

Den echten Frieden wollen
nicht den faulen!
Nicht ja und amen sagen
sondern nein!

Nein sagen
und Frieden schaffen
Nein zu einer Stadt
die nur Neid und Streit will
Nein zur ganzen Christenheit
wenn sie im Namen des Kreuzes den Krieg sucht

Nein sagen
zu allem, was ungerecht ist
zu allem, was verletzt
zu allem, was das Leben bedroht

Nein sagen zur Lösung der Probleme durch Gewalt

Ja sagen zum Frieden
und ihn beschwören, erbitten, auch erträumen
Den Frieden wollen
von Angesicht zu Angesicht
Die Angst überwinden
und aufeinander zugehen
Einander nahekommen
und doch sich selbst nicht aufgeben
Aufeinander hören
und auf die leisen Töne achten
Auf das Spiel der Hände und Augen eingehen
Um Worte ringen
und auf ihnen wie auf einer Brücke hinübergehen
Mit den Füßen des Geistes
fremde Welten durchschreiten
Den Frieden finden
in Geduld und Liebe.

DEN TOD ANNEHMEN

Sein Leben zusammenfassen
und sich hingeben
Sein Leben abschließen
und seinen Leib darbringen
Seinen Tod annehmen
und ihn erwarten

Hineinsterben
in das Gebet der Menschen
in den Gesang der Vögel
in das Gewand der Engel
in das Herz Gottes.

Eucharistiefeier

Die Motive der folgenden Elemente für eine Eucharistiefeier bzw. einen Abendmahlsgottesdienst stammen aus dem Sonnengesang. Sie sind in angemessener Weise mit den Akzentsetzungen verbunden, die dem zentralen Ritual der kirchlichen Tradition entspricht. Auch an anderen Stellen dieses Buches finden sich Texte, die sich für Gottesdienste eignen.

Der Sonnengesang selbst könnte wie der Cantus firmus in einem Musikstück sich durch die Feier hindurchziehen – und zwar in verschiedenen Formen: als Originaltext und Übersetzung (S. 12 ff.), Anfrage (S. 22 ff.), Wechselgesang, Gemeindelied, Chor- und Instrumentalstück (siehe S. 141: Lieder und Musik), Liedtanz (S. 104 ff.).

KYRIE

Auferstandener, Lebendiger
Du bist die Sonne
und wir sind der Mond
und die Sterne
Herr, erbarme dich

Auferstandener, Lebendiger
Du bist das flutende Licht
und wir spiegeln
Dein Licht
Christus, erbarme dich

Auferstandener, Lebendiger
Du bist die Sonne
am Himmel des Glaubens
und wir baden uns
im warmen Strand der Hoffnung
Herr, erbarme dich

Auferstandener, Lebendiger
Sonne der Sonnen
Abglanz des Vaters
Mütterliche Glut
Licht vom Licht
und Feuer vom Feuer

Die Nacht ist nicht Nacht,
das Dunkle nicht dunkel
die Finsternis hell

Geh auf
dämmere
scheine
glühe
brenne
Flamme auf und zünde
hier und jetzt

Sonne hinter allen Sonnen
Licht hinter allen Lichtern
Strahlung, die alles durchdringt
Auferstandener, Lebendiger

Christus
in der Einheit des Geistes
Gott
in alle Ewigkeit

SCHRIFTLESUNG / BIBLISCHE VERKÜNDIGUNGSTEXTE

Genesis 37,9f. ; Deuteronomium 4,19f. ; 1 Könige 8,9-12; Psalm 8; Jesaja
60,18-22; Matthäus 5,44-48; 17, 1-9; Markus 16; 1 Korinther 15,40-43; Offen-
barung 1,9-20; 12; 1f. ; 21;22-25 (siehe auch S. 142: Biblische Quellentexte zum
Sonnengesang).

GABENBEREITUNG

Brot und Wein
geboren
aus dem Schoß der Erde
hervorgegangen
und aus Mühe und Schweiß
bestimmt
zum Zeichen
des geteilten, des köstlichen Lebens

Feuer, göttliches
wirf deine Flammen
auf die Erde
und auf alles, was sie hervorbringt –
und Brot
wird wiedergeboren aus Geist
und Wein
wird wiedergeboren aus Feuer
und kein Tod ist mehr darin
und keine Mühe
und keine Tränen
nur geteiltes, köstliches Leben
durch Jesus Christus, unsern Herrn

HOCHGEBET

Gott
Dir danken ist gut
Dir danken ist schön
Dir danken macht lebendig
und beschwingt
Denn ohne Dein Feuer
zerfällt und vergeht alles Irdische
Im Ofen Deiner Liebe aber
gewinnt alles Halt und Dauer

So heben wir
dankend
in Dein Feuer
den Stein und die Berge
die Blumen und die Bäume
die Tiere und den Menschen
alles, was unsere Erde hervorbringt
die Mutter, die uns trägt
Und wir danken Dir
für alles, was uns der Himmel schenkt:
das Wort und den Sinn
die Liebe und das Leben
Deinen Heiligen Geist
und Jesus, Deinen Sohn

Alles sei in Dein Feuer gehalten
Gepriesen bist Du von allen Engeln und Heiligen
und von allen Sonnen und Milchstraßen,
von allen Elementen und von uns Menschen

»Heilig, heilig, heilig …« (Gemeindegesang)

Gott
Wind, der alles bewegt
Hauch, der alles belebt
Brausen, das alles mitreißt

Wir sind das Wasser:
bereit für jeden Hauch
durchlässig für jeden Wind
empfänglich für jedes Brausen

Beweg uns
Beleb uns
Reiß uns aus allem Tod
Leg Deinen Heiligen Geist
auf uns – und wir sind Dein

Leg ihn
auf Brot und Wein – und sie sind Dein:
Deine lebendige Gegenwart
unter uns
in Jesus, Deinem Sohn

Einsetzungsworte und Gemeindeakklamation »Deinen Tod, o Herr, verkünden wir«

Gott
Vor uns ist die Liebe
mit der du uns liebst
die Hingabe, die nichts zurückbehält
das Leben, das sich einsetzt

Vor uns ist Jesus Christus
sein mitgeteilter Geist
sein offenes Herz
sein hingegebener Leib
sein vergossenes Blut

Vor uns bist Du
Gott
Dein Leben, das den Tod besiegt
Deine Macht, die Tote erweckt

Vor uns ist der Auferstandene, der Lebendige –
und nichts ist in uns
das nicht erweckt werden kann
zum ewigen Leben

Wir bitten Dich:
Binde uns in den Bund des Lebens
Führ uns
in eine neue Verbundenheit mit deinen Geschöpfen
in die Solidarität mit den Armen und Kranken
in die Kette derer, die Vergebung suchen
und Frieden

hier und jetzt
weltweit

Laß uns diesen Bund

bezeugen
in der Kirche und in der Welt
mit den Lebenden
und den Verstorbenen
mit den Sündern und mit den Heiligen
durch Jesus, Deinen geliebten Sohn

Doxologie »Durch ihn und mit ihm und in ihm ...«
Vater unser
Text zum Friedensgruß: »Frieden stiften« (S. 96)

Weitere Texte zur Eucharistiefeier enthält das Buch von Anton Rotzetter: *Gott, der mich atmen läßt.* Gebete, Verlag Herder, Freiburg i. Br., 12. Aufl. 1996, bes. S. 107 ff.

Ein Segensgebet von Anton Rotzetter über Brot und Wein, das für eine ökumenische Agapefeier entstanden ist (aber auch in einer Eucharistiefeier verwendet werden kann, wenn man die Einsetzungsworte einfügt), steht in dem von Martin Schmeisser herausgegebenen Buch: *Gesegneter Tag*, Verlag am Eschbach, 1996, S. 30 f.

Liedtanz »Herr, dich loben die Geschöpfe«

1. Herr, dich loben die Geschöpfe, dich, Gott, loben Raum und Zeit. Sieh, die edle Schwester Sonne lobt mit ihrer Herrlichkeit, diesem Abbild deines Lichts – alle Schöpfung lobt den Herrn.

2. Lob auch bringen die Gestirne, / Bruder Mond, der Freund der Nacht. / Schau, wie Bruder Wind behände / Lobgesang aus Wolken macht, / tausendfaches Himmelslied – / alle Schöpfung lobt den Herrn.

3. Und die schöne Schwester Wasser / lobt mit Regen, Strom und Quell. / Stark ist unser Bruder Feuer, / macht das Haus uns warm und hell, / preist dich, Gott, mit seinem Glanz – / alle Schöpfung lobt den Herrn.

4. Unsre Schwester, Mutter Erde, / die uns trägt und die uns nährt, / die mit Kräutern, Blumen, Früchten, / Schöpfer, dich ohn Ende ehrt, / feiernd deiner Wunder Werk – / alle Schöpfung lobt den Herrn.

5. Lob dir von den Friedensstiftern, / die ertragen Schimpf und Not. / Lob sei, Gott, dir auch am Ende / durch den guten Bruder Tod, / dem kein Leib entgehen kann. / Alle Schöpfung lobt den Herrn.

T: Kurt Rose 1991/92 nach dem Sonnengesang des Franz von Assisi 1225
M: Johann Crüger 1653   S: nach Johann Crüger 1656

© Gesangbuchverein ERK Zürich (T/S)

Dieses nach dem Sonnengesang des Franziskus neugeformte Lied gehört zu den 238 gemeinsamen Gesängen der neuen Schweizer Kirchengesangbücher (Katholisches Gesangbuch/KG 527, Reformiertes Gesangbuch/RG 572). Von diesem Lied gibt es eine CD-Einspielung durch das Ensemble Corund, unter Leitung von Steven Smith, erhältlich bei TAU-AV-Produktion, Mürgstr. 29, CH-6370 Stans:»Der Sonnengesang des Franz von Assisi. Vierzehn Interpretationen« TAU 9604.

BEWEGUNGSVORSCHLAG
Aufstellung hintereinander im Flankenkreis, die linke Schulter schaut zur Mitte, die Hände sind unten durchgefaßt.

Herr, dich loben die Geschöpfe,
Drei Schritte in Tanzrichtung nach rechts gehen: links, rechts, links, dann sich zur Mitte wenden und wiegen:
rechts – links – rechts.

dich , Gott, loben Raum und Zeit.
Den Anfang bis hierher wiederholen. Achtung: Der erste Schritt mit links kommt in die Pause.

Sieh, die edle Schwester Sonne
Zur Mitte gewendet: Drei Schritte zur Mitte: links, rechts, links, dann wiegen: rechts – links – rechts.

lobt mit ihrer Herrlichkeit,
Drei Schritte rückwärts: links, rechts, links, dann wiegen:
rechts – links – rechts. Achtung: Der erste Schritt mit links
kommt in die Pause.

diesem Abbild deines Lichts –
Die Handflächen aneinander legen, in die Höhe führen und oben
öffnen.

alle Schöpfung
Hände zur Orante-Haltung senken.

lobt den Herrn.
Sich mit vier Schritten am Platz um die linke Schulter drehen:
links, rechts, links, rechts. Die Arme schwingen lose mit.

Stophen 2 -5 werden wie Strophe 1 getanzt.

Choreographie: Marlis Ott
Zeichnungen: Max Bosshart

Tanzend predigen
nur tanzend verkünden
was Not wendet
und heilt

Nicht den Finger
erheben
sondern den Fuß
Tanzmusik streichen mit Holz
über Holz

Weil
der ganze Leib
mitgeht
mit den Rhythmen Gottes

Weil
alle Glieder mitgerissen werden
von den Verheißungen
des Himmels

Anton Rotzetter

Ein hervorragendes Bild zu diesem Text ist der Holzschnitt von Sigmunda May »Der tanzende und spielende Franziskus«, der in Verbindung mit einer Bildbetrachtung von Ueli Ott veröffentlicht ist, in: Marlis Ott, *Bewegte Botschaft. Liedtänze zum Tages-, Jahres- und Lebenskreis*, Theologischer Verlag Zürich/Verlag am Eschbach. 2. Aufl. 1998, S. 104 f. (auch zwei Liedtänze aus *Bewegte Botschaft* lassen sich gut mit dem Sonnengesang des Franz von Assisi verbinden: S. 74 ff. »In uns kreist das Leben« und S. 102f. »Nun kommt das große Blühen«).

Segensrituale

Die Hochgebete der Eucharistiefeier sind Segensrituale, welche auf das Alte Testament zurückgehen. Sie können sich selbstverständlich nicht nur auf Brot und Wein beziehen, sondern auf alles: auf Wasser, Öl, Honig, Milch, Salz ...Die katholische Kirche hat mit ihren Segnungen ein umfassendes Ritual hervorgebracht (vgl. das sogenannte Benedictionale, aus dem auch heute noch viele Segensgebete verwendet werden können). Und jedes Tischgebet ist im Grunde nichts anderes als das Herausstellen des gemeinsamen Essens und Trinkens, das Hineinheben eines Naturvorgangs in die Verheißungen Gottes. Kaum etwas ist angesichts der ökologischen Perspektive so sinnvoll wie die rituelle Umrahmung der Mahlzeiten. Aber auch andere Vollzüge des Alltags könnten in einen solchen Rahmen gesetzt werden: Beginn und Ende des Tages, Begegnungen, alle Formen des Zusammenseins.

Vgl. dazu auch die Bücher *Gesegneter Tag* / *Gesegneter Weg* / *Deine Güte umsorgt uns* / *Lass meine Seele aufatmen* (alle: Verlag am Eschbach).

GESEGNET SEIST DU, EWIGER

Gesegnet seist Du, Ewiger
Bildloser, Unsichtbarer,
unseren Worten entzogen,
Mutter, Vater, Lebensbrunn,
gesegnet seist Du für das Licht,
von Tag zu Tag,
das Du gerufen hast am Anfang.

Gesegnet seist Du für diese Erde,
für gutes weites Land,
für Flüsse, Wasser, Raum, Ausblick,
für Sonne und Mond.
Erwecke Deine Kraft in den Menschen,
damit sie dies behüten
und ihm dienen
und es für die Zukunft bewahren.

Gesegnet seist Du für Dein Wort,
das in dieser Welt in Menschen lebt,
die es bewahren und befolgen,
die Güte gegen Bosheit setzen,
Liebe, die standhält,
Feuer, das nicht erlischt.

Gesegnet seist Du
für das Wort »Friede«, das noch lebt
in unserer Sprache,
in unserer Seele,
in dieser Welt
des allgegenwärtigen Krieges.

Gesegnet seist Du
für Deine Stadt des Friedens,
die uns zugesagt ist,
in der Tod nicht mehr sein wird.

Gesegnet seist Du
für das Wissen und die Beharrlichkeit,
mit denen der Tod bekämpft wird
in Krankenhäusern,
an unbekannten Orten,
von Menschen, die niemand kennt
als Du allein.

Gesegnet seist Du
für die Liebe, mit der Sterbende
und unheilbar Kranke umgeben werden.

Gesegnet seist Du
für all das Gute, das getan wird.

Wir bitten um Kraft, uns zu besinnen
und aufmerksam zu werden:
daß wir ein schärferes Bewußtsein erhalten für das,
was in unserer Nähe geschieht,
in unserer Nachbarschaft,

in dieser Stadt,
aber außerhalb unseres Gesichtsfeldes:
daß Menschen verarmen,
daß ihr Leben verbittert wird
durch harte Arbeit.
Wir bitten,
daß wir die Vision
von Frieden und Gerechtigkeit
nicht aufgeben,
auch wenn es sich unmöglich anhört
und unsere politischen Ansichten herausfordert.

Sieh uns,
zwischen Schlafen und Wachen,
wanken – stehen,
zwar wissen – aber nicht können.

Komm mit Deinem Schöpfungswort,
damit wir Licht werden,
Wärme, Atem, Leib gegen Kälte und Entfremdung überall.
Möge es so werden:
daß Menschen nicht schweigend-ausweichend wegschauen,
sondern schauen und sagen:
ich höre, hier bin ich.

So wie es gesagt hat,
so wie es getan hat –
so steht geschrieben
Dein Mensch Jesus,
Dein Diener.

Huub Oosterhuis
aus dem Niederländischen übersetzt von Kurt Janssen

Auf die Erde kauern, die Hände auf den Boden legen:

Die Kraft
aus den Tiefen der Erde

allmählich aufstehen und die Hände am Körper entlang führen bis zum Kopf:

steige in uns auf
wie der Saft im Frühjahr
die Blumen blühen läßt.

Die Arme in die Höhe recken die Kraft vom Himmel holen und wieder mit den Händen dem Körper zuführen – bis hinunter zur Erde:

Die Kraft
aus den Höhen des Himmels
senke sich auf uns
wie der Tau in der Nacht
der die Erde feuchtet.

Aufstehen, die Hände an die Brust halten und allmählich in die Weite der Welt strecken:

Die Kraft aus der Mitte schütze uns
erfülle uns
öffne uns.
Amen.

Rituale der Einbindung

Auf der Linie der Segensrituale liegt auch, was Gerhard Breidenstein »Rituale der Einbindung« nennt. Er schreibt dazu in »connection« III/97:

Es gibt Anlässe, bei denen uns ein Händekreis an unsere Einbindung in die Kreisläufe der Natur erinnert.

▪ Zum Beispiel, wenn wir vor dem Zersägen und Stapeln unseres
Brennholzes der darin gespeicherten Sonnenenergie gedenken.

▪ Beim Bau der Pflanzenkläranlage oder eines Biomeilers danken
wir den Milliarden Bakterien für ihre wunderbare Wirksamkeit.

▪ Als eine größere Lieferung Bauholz eingetroffen war, machten
wir uns klar, daß dafür etwa siebzig Fichten (ein kleines Wäldchen)
gefällt worden waren, ohne daß jemand – wie es bei den Indianern
üblich ist – diese Bäume um ihr Einverständnis gebeten hätte.

▪ Zu einer kleinen Feier im Garten gerät der allherbstliche Ernte-
dank und immer wieder das Pflanzen von Bäumen.

▪ Die Winter- und Sommersonnenwende oder die Tagundnacht-
gleiche im Frühjahr haben wir gefeiert und fanden es sowohl
erleichternd wie erschwerend, daß es zu all diesen Anlässen in unserer modernen Großstadtkultur keine Traditionen mehr gibt.

Wir hüten uns vor zwanghafter Regelmäßigkeit und vereinnah-
mender Selbstverständlichkeit, bemühen uns um Rücksicht auf all
die religiösen Verletztheiten unter uns und sind unsicher und ängst-
lich bei Experimenten mit Neuem. Ermutigt und inspiriert sind wir
bei alledem durch die jahrzehntelangen Erfahrungen der Findhorn-
Community in Schottland, wo man sogar der Spülmaschine, dem
Bus oder dem Computer Namen gibt, um mit ihnen zu kommunizieren.

Und genau das ist das Faszinierendste daran: das Zusammentreffen
von »Außen« und »Innen«, von Welt und Ich, von gesellschaftli-
chem Engagement und persönlicher Transformation. Vielleicht ist
dies alles nicht einmal wirklich zu unterscheiden – wahrscheinlich
sogar.

Meditatives Spiel

Teilnehmer: 10-20 Personen
Dauer: 60-90 Minuten

1. *Raumgestaltung*
In der Mitte des Saales ein klar bezeichnetes Zentrum (großer Blumenstrauß oder ähnliches).
Um die Mitte strahlenförmig in passenden Farben die Elemente des Sonnengesanges, angereichert mit entsprechenden Symbolen, Zeichnungen, Karten ...

2. *Spielanweisungen*
(Der Spielleiter/die Spielleiterin steht klar außerhalb der Gruppe.)

Phase 1
▪ Sich im Kreis setzen und die Symbolik still wirken lassen. (5 – 10 Minuten)
▪ Sich von Element zu Element begeben und sich fragen: Ist das mein Element? – Eines wählen. (10 Minuten)

Phase 2
▪ Wer das gleiche Element gewählt hat, findet sich zu einer Gruppe zusammen. Im Raum bleiben – ins Gespräch kommen: Warum habe ich dieses Element gewählt? (15 Minuten)

Phase 3
Sich wieder im Kreis einfinden, sich als Gruppe klar erkennbar zum eigenen Element setzen – falls Elemente nicht gewählt wurden: ebenso klar erkennbar leer lassen.
▪ Alles in der Stille wirken lassen. (5 Minuten)

- Sich innerlich mit dem Element identifizieren, so daß man sagen kann: Ich bin die Sonne – Ich bin das Wasser ... (5 Minuten)
- Runde 1: Jede/r stellt sich vor: Ich bin die Sonne oder das Wasser! Und stellt dann heraus, wie wichtig er/sie für die Schöpfung, die Menschen, die Gesellschaft, die Kirche ist. Wenn jemand nicht »Ich« sagt, greift der Spielleiter/die Spielleiterin ein: Sag »Ich«! – bis alle sich geäußert haben bzw. die Spannung verloren geht.
- Runde 2: Jede/r bezieht sich auf die anderen Elemente: Ich brauche dich, Sonne, Mond...! Oder auch: Ich kann es nicht haben, wenn du ...du übertreibst, wenn du! – bis sich das Gespräch erschöpft bzw. die Zeit es verlangt.
- Wenn ein Element nicht gewählt wurde, fragen: warum bist du nicht da? Du fehlst mir, weil ...

Phase 4
- Gespräch: Wie war es mir? Was haben wir gelernt?

Franziskanisches Schöpfungsspiel

Die Schweizer Infag GFS-Gruppe entwickelte ein ansprechendes Schöpfungsspiel, das seine Inspirationen aus den Strophen des Sonnengesanges bezieht. Nachstehend folgt die Spielbeschreibung:

Ziel des Spiels
Als franziskanische Menschen fühlen wir uns verpflichtet, in unserem Leben, durch Wort und Tat aktiv zur Förderung des Friedens, der Gerechtigkeit – und zur Bewahrung der Schöpfung beizutragen. Doch wie gestalten wir im konkreten Alltag unser persönliches Leben und Zusammenleben? Prägt Ehrfurcht vor der Schöpfung, der Wille zur Versöhnung und zu weltoffener Solidarität unseren Lebensstil? Was können und wollen wir verändern? Das Spiel regt zum Gespräch an. Es eignet sich für eine Rekreation, ein Erneuerungs- oder Konventkapitel. Es möchte eine Hilfe sein für alle Brüder und Schwestern, den Konziliaren Prozeß von Basel (1989) und Graz (1997) aktiv zu unterstützen.

Spielausstattung

Spielplan – Spielkärtchen in sieben Farben – 3-7 Spielfiguren und 1 Würfel aus vorhandenen Spielen – Spielanleitung – Farbstifte.

Spielbeschreibung

■ Der Spielplan stellt den Sonnengesang dar.

■ Die Spielbahn verläuft spiralenförmig zur Mitte.

■ Sie ist von Symbolen übersät: Flamme (Energie), Wolke (Klima), Welle (Wasser), Apfel (Nahrung), Herz (gerechter Welthandel), Tor (Tor zum Leben), Info-zeichen (Informationen).

■ Auf der Vorderseite mit dem Symbol werden Verhaltensweisen aus dem Alltag der Brüder Franz und Otto und der Schwestern Klara und Frieda beschrieben.

■ Auf der Rückseite finden sich weiterführende Informationen als Impulse.

■ Die violetten Info-Kärtchen vermitteln Wissenswertes über interfranziskanische Zusammenarbeit. Sie laden zur Überprüfung des Wissensstandes ein. Durch das Spielen werden sich die gängigen Abkürzungen einprägen.

Spielablauf, Spielregeln

■ Bei Spielbeginn liegen die Kärtchen, nach Farben und Symbolen sortiert, auf sieben eingezeichneten Bezirken außerhalb der Spielbahn.

■ Die Spielfiguren stehen beim Tauzeichen.

■ Gemeinsam wird die Spielzeit festgelegt.

■ Zu Beginn würfelt jede Schwester, jeder Bruder einmal. Der Spieler, die Spielerin mit der kleinsten Würfelzahl eröffnet das Spiel.

■ Wer auf ein Symbolfeld kommt, nimmt ein dem Symbol entsprechendes Kärtchen auf, liest den Text laut vor und beurteilt das beschriebene Verhalten der beiden Brüder und Schwestern. Die Mitspieler/innen ergänzen, fragen, regen an. Es entsteht ein lebhaftes Gespräch.

■ Je nachdem, wie die Verhaltensweise auf dem Situationskärtchen beurteilt wird, kann vorgerückt oder muß zurückversetzt werden. Oft ist die Situation so komplex, daß die Minus- und die Pluspunkte sorgfältig gegeneinander abgewogen werden müssen. Die Gruppe legt die Anzahl Schritte (vorwärts, rückwärts, stehen bleiben) fest.

■ Hernach wird das Kärtchen umgedreht und der Text ebenfalls vorgelesen. Die Informationen werden Gesagtes bestätigen, ergänzen, korrigieren.

■ Wer auf einen Pfeil gelangt, darf auf dem Strahl um eine Runde nach innen rücken.

■ Wer durch Vorrücken und Rückversetzen wieder auf ein Symbolfeld oder einen Pfeil gelangt, nimmt keine neue Karte auf, bzw. rückt nicht nach innen.

■ Nach Abschluß einer Spielrunde können die Schwestern und Brüder einen Teil des Spielplanes ausmalen. So wird der Spielplan immer bunter und fröhlicher.

Um die Konkretheit der Spielsituationen zu verdeutlichen, folgen hier *zwei Beispiele*:

■ Karte 1, Vorderseite: Bruder Franz, der Sporttyp. – Selbst abends spät kriecht er bis in den dritten Stock hinauf – und verzichtet auf den Lift. – Rückseite: Mit der Strommenge, welche ein Lift benötigt, um drei Stockwerke hinauf- und hinunterzufahren, kann eine 20-Watt-Sparlampe 10 Stunden brennen.

■ Karte 2, Vorderseite: Im Sommer, wenn es so richtig heiß ist, trinkt Bruder Franz am liebsten eisgekühlten Orangensaft! – Rückseite: Beinahe sämtliches Orangensaftkonzentrat kommt tiefgefroren per Schiff aus Brasilien. Für einen Liter trinkfertigen Orangensaft braucht es 22 Liter Wasser. Warum nicht Schweizer Apfelsaft? Hochstammbäume bieten Vögeln und Fledermäusen Nistplätze und verschönern das Landschaftsbild.

Bezugsadresse: INFAG, Kloster Ingenbohl, CH – 6440 Brunnen

Die Konferenz des Lebens

Unter diesem Stichwort hat John Seed Tausende von Menschen in ein neues Verhältnis der Natur gebracht. Es geht darum, mit einzelnen Geschöpfen einen längeren Dialog zu führen. Besser noch: sich von einem einzelnen Geschöpf erwählen zu lassen und sich vorübergehend über längere Zeit mit ihm zu identifizieren. Selbstverständlich kann das auch als Meditation gestaltet werden. Ihre volle Entfaltung bekommt aber die Konferenz, wenn wirklich ein »Zusammentragen« (con-ferre) stattfindet, anders gesagt: wenn sich die einzelnen Geschöpfe begegnen. Daraus könnte man sowohl ein ganzes Tagesprogramm als auch eine ganze Woche gestalten.

Ich versuche aus dem, was ich in der Zeitschrift »connection« III/97 davon gelesen habe, in Handlungsanweisungen umzusetzen.

Anleitung

▪ Suchphase: Mehrere Stunden, vielleicht sogar einen ganzen Tag durch die Natur gehen: sich ansprechen lassen von einem Baum, einem Fluß, einer Katze, von diesem oder jenem, bis sich ein einzelnes Wesen »aufdrängt«, mich »wählt«.

▪ Identifikationsphase: Wiederum mehrere Stunden, vielleicht einen ganzen Tag sich mit dem Wesen identifizieren: als Katze schnurren, wie sie auf allen Vieren gehen ..., als Wind leise werden und stürmisch, kühlen und zerstören ..., als Baum gesetzt und gefällt werden, wurzeln, wachsen, absterben ...

▪ Symbolisierungsphase: Sich mehrere Stunden, vielleicht wiederum einen ganzen Tag Symbole, Utensilien, Kleider, Maske, Bemalung usw. schaffen, die zu meiner Rolle als dieses oder jenes Geschöpf passen.

▪ Konferenzphase: Die Teilnehmer/innen und Teilnehmer kommen zu Gruppen bis zu höchstens 10 Personen zusammen. Sie geben dem Geschöpf, das sie erwählt hat ihre Stimme. Sie stellen sich zunächst vor: »Ich bin ...«. In einer zweiten Phase erzählen sie von ihrem Leiden und von ihren Freuden. In einer dritten Phase kommen sie miteinander ins Gespräch, um ihre Bedürfnisse zu formulieren. Sie fassen sie dann in einer vierten Phase als Katalog zu

Händen der Menschen zusammen. Wichtig: Nie aus der Rolle fallen! Immer das Geschöpf bleiben, das einen erwählt hat.

■ Auswertungsphase: Wieder aus der Rolle geschlüpft werden Erkenntnisse ausgetauscht: Was haben wir gelernt? Was wollen wir tun?

Aus einem Erfahrungsbericht
Selbstverständlich kann man viele Formen der »Konferenz des Lebens« ausprobieren. Der nachfolgende Erfahrungsbericht von Gunter Hamburger zeigt sehr eindrücklich, wie es unter anderem gehen kann:

Klagen
Das Licht ist gedämpft, im Hintergrund höre ich leise Musik, Aufnahmen von Tierstimmen, Plätschern von Wasser, Rauschen von Blättern … Wie die anderen im Raum arbeite ich seit mehr als einer Stunde schweigend und konzentriert an der Erstellung einer Maske für meine Katze, jenes Lebewesen, das »mich erwählt hat«, in der gleich beginnenden »Konferenz des Lebens« stellvertretend für sie zu sprechen. Den ganzen Tag haben wir uns mit verschiedenen Übungen, Meditationen, Phantasiereisen und beim »Alleinsein in der Natur« darauf vorbereitet. Immer tiefer sind wir dabei in die Identität eines nicht-menschlichen Lebewesens, sei es ein Tier, eine Pflanze, ein Fluß oder ein Berg eingesunken, das uns erwählt hat, um diesem Lebewesen eine Stimme zu geben. Beim Alleinsein in der Natur konnte ich üben, mich wie eine Katze zu bewegen, lernte die veränderte Perspektive auf allen Vieren kennen, versuchte, lautlos, die Augen nach rechts und links drehend, achtsam und vollkommen präsent zu sein, auf der Suche nach etwas, das sich bewegt, die Konturen von hell und dunkel erfassend …

Obwohl ich im Malen und Basteln nicht besonders begabt bin, freue ich mich über die gelungene Maske meiner Katze und vergegenwärtige mir, welche Fragen mir in dieser Identifikation aufgetaucht sind. Ich will nicht nur von Ängsten und Sorgen sprechen, sondern auch davon, was Menschen von mir lernen können, welche meiner Fähigkeiten ihnen in dieser Zeit des Lebens auf der Erde hilfreich sein können.

Die Musik verstummt, alle setzen ihre Masken auf, die Trommeln leiten uns mit gleichmäßigem Rhythmus zum Versammlungsplatz – die Konferenz des Lebens beginnt. Nach der rituellen Einstimmung beginnt die Versammlungsleiterin zu sprechen: »Wir treffen uns«, sagt sie, »weil unser Planet in Not ist. Wir treffen uns, um zu sagen, was uns selbst und unserer Welt geschieht. Ich komme zu dieser Konferenz als Unkraut. Unkraut, ein Name, den die Menschen den Pflanzen geben, die sie nicht benutzen. Ich bin kraftvoll, stark, ich treibe und dränge und streue Samen aus – selbst durch Beton hindurch. Ich heile die verbrannte und verletzte Erde. Aber ich werde jetzt mit Gift betäubt und zertreten, genau wie die Geschöpfe, die in mir und durch mich leben.« Als Bestätigung antworten wir alle: »Wir hören dich, Unkraut. .«

Die nächste spricht: »Ich bin der Berg. Ich bin alt und stark und fest, gebaut, um zu überdauern. Aber jetzt machen Dynamit und Minen Löcher in mich, meine Haut aus Wald wird mir in Fetzen runtergerissen, meine Erdoberfläche wird weggespült, meine Bäche und Flüße ersticken. Ich habe heute den Menschen eine Menge zu sagen.« – »Wir hören dich, Berg.« Stehend fährt der Regenwald fort: »Eure Gier und euer Wahnsinn verkürzen das Leben eurer eigenen Gattung. Wenn ihr mich verwüstet und schwelend zurücklaßt, provoziert ihr damit euren eigenen Tod. Wißt ihr nicht, daß ihr mir entstammt? Ohne meine grüne Welt, ohne den Sauerstoff, den mein Pflanzenleben ausatmet, werdet ihr ersticken. Ihr braucht mich wie eure eigene Lunge. Ich bin eure grüne Lunge!« – »Wir hören dich, Regenwald.«

Mich drängt es jetzt zu sprechen: »Als Katze wohne ich in einem alten Bauernhaus auf dem Land. Im Haus geht es mir ganz gut, aber sobald ich rausgehe, wird es gefährlich. Meine neuen Feinde sind mir unheimlich, sie rasen wahnsinnig schnell durchs Dorf und viele meiner Freunde wurden bereits getötet. Einige starben durch vergiftetes Futter, andere wurden in Fallen gefangen und verschleppt.« Ich spüre eine wachsende Wut: »Wo habt ihr sie hingebracht? Ihr verwendet uns für eure Tierversuche und erprobt an uns die scheußlichsten Experimente, ihr macht uns zu einem Teil eurer Kosmetika!« – »Wir hören dich, Katze.«

Einander Mut machen

Als der allgemeine Redeschwall der geschundenen Schöpfung nachläßt, legt die Versammlungsleiterin ihre Maske ab, geht in die Mitte und spricht als Mensch zu uns anderen Lebewesen. Sie teilt mit, wie schmerzhaft es ist, uns zu hören, und sie bedankt sich für unsere Ehrlichkeit. »Wir sehen, was wir zerstören. Wir sind selber in Not, haben Angst und wissen oft nicht weiter. Laßt uns nicht allein wir brauchen eure Hilfe, auch für euer Überleben. Welche Kräfte und Fähigkeiten könnt ihr mit uns teilen?« Es braucht keine weiteren Signale oder Anweisungen, um die Stimmen der Konferenz zu verändern. Die Anklagen und Vorwürfe werden abgelöst durch spontanes Teilen: Jedes Wesen schenkt, was es zu bieten hat:

»Als Nacktschnecke gehe ich langsam durchs Leben, bleibe nahe bei der Erde. Ich gebe euch genau das, Menschen. Ihr geht zu weit und zu schnell, als daß es irgend jemand gut tun könnte.« Der Teilnehmer legt seine Maske hin und geht als Mensch in die Mitte.

Und das Wasser: »Ich fließe und fließe. Hindernisse gehe ich mit Ausdauer und Flexibilität an. Nehmt diese beiden Geschenke für euer Leben und eure Arbeit für den Planeten.« Auch sie legt ihr Maske ab und geht in die Mitte. Jetzt bin ich selber dran, und ich spüre, wie sich mein Ärger verwandelt: »Menschen, von mir könnt ihr lernen, euch achtsam zu bewegen, jederzeit präsent zu sein in eurer Absicht. Ich wünsche euch die Schärfe meiner Augen, damit ihr sehen lernt, zwischen lebensförderlichen und lebensfeindlichen Handlungen zu unterscheiden. Von mir könnt ihr auch die Kunst des Müßiggangs lernen sowie die Fähigkeit, sich anzupassen und trotzdem die eigene Autonomie zu bewahren.« Ich nehme meine Maske ab und geselle mich zu den Menschen in die Mitte. Hände strecken sich aus, um mich an sich heranzuziehen. Ich spüre die Wärme, das Berührtsein und die Dankbarkeit, die mich umfassen. Ich spüre diese Fähigkeiten in neuer Frische, denn all diese Geschenke sind ja tatsächlich ein Teil von uns. Zum Schluß sitzen wir alle in der Mitte, die Masken bilden einen Kreis um uns herum, so als ob sie uns noch einmal grüßen wollten. Morgen werden wir wieder zusammenkommen. Wir werden über Veränderungen sprechen, für die wir in unserem Leben und in unserer Welt arbeiten wollen. Wir werden Pläne für Aktionen machen, Strategien ausbrüten, Möglichkeiten finden, andere zu unterstützen.

Das Holon-Training

Die Gesellschaft für angewandte Tiefenökologie« mit Sitz in Mönchengladbach, die ganz allgemein tiefenökologische Prozesse in den Schul- und Bildungsprozeß einbringen möchte, bietet unter anderem ein sog. »Holon-Training« an. Gemeint ist die Bildung des ganzen Menschen in all seinen Kräften (holon = ganz). Die nachstehend beschriebenen vier Ebenen lassen sich leicht auf alle Bildungsprozesse ausdehnen:

Das Holon-Training basiert auf vier Ebenen, die sich in der gesamten Fortbildung immer wieder wechselseitig durchdringen:
▪ Die kognitive Ebene beinhaltet die Vermittlung theoretischer Kenntnisse der Allgemeinen Systemtheorie; der Theorie lebender, sich selbst organisierender Systeme; ihrer Bedingungen und Prinzipien wie Vielfalt, Multikulturalität, Flexibilität, Partnerschaftlichkeit, Kooperation, die Bedeutung von feedback-Prozessen und Erkenntnisse über Ursachen und Zusammenhänge von Krisen und Gefahren.
▪ Die emotionale Ebene erfordert die Bereitschaft zu einem intensiven Selbsterfahrungsprozeß über unsere verdrängten inneren Reaktionen auf den Zustand unserer Welt, den Austausch unserer Ängste und Schmerzen, aber auch unserer Freude und Liebe über die Schönheit der Schöpfung.
▪ Die spirituelle Ebene soll die Fähigkeit, mit der Natur Kontakt aufzunehmen und unsere Grenzen zu akzeptieren, neu beleben, damit wir erfahren, was es heißt, Teil der Mitwelt zu sein. Wir widmen uns der Qualität der Achtsamkeit in Meditation, Stille und anderen Übungen.
▪ Die Handlungsebene dient der Erarbeitung strategischer und praktischer Wege, uns in unserem Alltag bei wirkungsvollen Akti-

vitäten zu unterstützen. Dabei gehen wir von den Erfahrungen mit vielfältigen Möglichkeiten gemeinschaftlichen Handelns aus.

Die Natur-Schule

Exemplarisch ist auch der »Lehrgang« der Naturschule Freiburg i. Br. , die durch die Biologin Dr. Sigrid Lochner-Knecht angeregt wurde. Seit den 40er-Jahren hatte sie, die aus der spirituellen Tradition der Völker lebte, Naturerlebnisseminare für Kinder und Erwachsene durchgeführt. Seit 1988 gibt es jetzt die Naturschule Freiburg. Es ergaben sich mit der Zeit vier Ebenen der Naturbegegnung:

▪ Eine spielerische, spaßvolle Einführung in den Lebensraum, in die bestimmte Sinneserfahrungen einbezogen sind.

▪ Die Natur entdecken und kennenlernen: Hier lassen sich die Teilnehmer schon näher auf die einzelnen Bewohner des Naturraumes ein, lernen ihre Lebensweise, ihre Bedürfnisse, Natur- und Kulturgeschichte kennen.

▪ Vertiefte Sinneserfahrung: Bisher haben die Teilnehmer etwas mit der Natur gemacht (gespielt, untersucht, benannt) – jetzt lassen sie die Natur mit sich machen.

▪ Meditative Naturerfahrung: konzentrative Naturerfahrung und Zwiesprache mit der Natur. Ganz zum Schluß zeigen wir auf die nun geöffneten Tore zur Erfahrung des Eins-Seins mit der Natur.

Vision Quest – Fasten einmal anders

Fasten ist einer der wichtigsten spirituellen Vollzüge. In den letzten Jahren ist es vielerorts wiederentdeckt worden. Es könnte auch von der Spiritualität der Schöpfung her neue Dimensionen erfahren.

An dieser Stelle möchte ich auf eine extreme und darum nicht allgemein zu empfehlende Form des Fastens hinweisen. Sie dürfte nur unter erfahrener spiritueller Begleitung und nur von psychisch stabilen Menschen vollzogen werden. Die »Vision Quest« (= das Gesicht suchen) ist ein arche-typischer Initiations- und Übergangs-ritus, der von der spirituellen und kulturellen Tradition der Völker zehrt. Seit Jahrzehnten wird er in der Wüste Kaliforniens angebo-ten für solche, welche an entscheidenden Wendepunkten des Lebens stehen. Das Ritual enthält folgende Schritte:

▪ 1. Phase: *Trennung* (Vorbereitung) in einem Basislager (eventuell auch Bildungshaus). Innerhalb von drei Tagen versucht man, von den Gewohnheiten des Alltags und von Freunden und Bekannten innerlich Abschied zu nehmen. Gleichzeitig geht es darum, die Motive zu klären und zu vertiefen, warum man eine solchen Ritus überhaupt wagt. Ebenso müssen die Gefühle, Fragen und Sorgen Raum haben, die angesichts der Vorstellung, vier volle Tage ganz allein in der Wüste (oder im Wald ...) zu verbringen, hochkommen. Am Tag vor dem Überschreiten der Schwelle suchen die Kandida-ten den Platz im Gebiet, der ihr Zuhause sein wird für die nächsten Tage. Frühmorgens, kurz vor Sonnenaufgang, schultern sie ihren Rucksack und werden mit einer Trennungszeremonie verabschie-det. Einer nach dem anderen verläßt den Kreis und taucht ein in die heilige Welt der »Schwelle«.

▪ 2. Phase: *Schwellenzeit* in der Einsamkeit der Wildnis. Vier Tage lang verbringt man mit dem absoluten Minimum an Dingen. Kein Buch, kein Radio, eine Decke, Wasser, nur das Nötigste zur Sicher-heit! Die Stille, die Einsamkeit, die Natur, die Elemente sollen reden. Den alten Menschen sterben lassen. »Am vierten und letzten Tag der Schwellenzeit bereiten wir uns auf unsere letzte Nacht vor – wir durchwachen die dunkle Nacht des Todes in unserem ›Kreis der Bestimmung‹ (purpose circle), vollziehen symbolisch unser Sterben. Bei Sonnenuntergang betreten wir den Kreis und verlassen ihn erst bei Sonnenaufgang wieder. Jetzt haben wir alles zurückgelassen, stehen allein – von Angesicht zu Angesicht mit unserer eigenen Existenz. Alle Hüllen sind gefallen, nackt und ent-blößt tauchen wir ein in den dunklen, heiligen Strom des Todes. Wir singen unser Todeslied und rufen den Geist unserer Freunde, Vor-fahren und Lehrer, sich um den Kreis zu versammeln, uns zu unterstützen und zu bezeugen, was geschieht. Wir durchwachen die ganze Nacht im Kreis, ›crying for a vision‹. – Das Flehen und Beten in dieser Nacht kommt aus unserem Herzen, unserem Leib und unserer Seele. Es hat nicht notwendig eine spezifische Form oder einen spezifischen Inhalt. Manche Quester singen und tanzen, recken ihre Arme hoch zu den Sternen, werfen sich zu Boden und erlösen ihre Gefühle, schreien, weinen oder sitzen ganz einfach still und lauschen hinaus in die dunkle Nacht. Viele Menschen kommen in dieser Nacht sich selbst und Gott nahe wie selten zuvor in ihrem Leben. Das Dunkel des Todes ist immer auch das Dunkel des Geburtskanals, die Schmerzen des Todes sind immer auch die Schmerzen der Geburt. Nach einer schier endlos erscheinenden Nacht erleben wir, wie die Natur wieder zum Leben erwacht, wie der heraufdämmernde Morgen das Leben wieder zurückbringt, das im Dunkel der Nacht verloren schien. Beim Aufgang der Sonne stehen wir aufrecht und stolz in der Mitte unseres Kreises, in der Mitte unseres Lebens, mit beiden Füßen fest auf dem Boden. Wir heißen das Licht willkommen, heißen uns selbst willkommen mit einem Satz, einem Lied, einem Jubelschrei oder ganz einfach mit einem tief empfundenen Ja. – Diese letzte Nacht, nach vier Tagen Fasten und Einsamkeit, erleben viele Menschen wie einen Moment der Ewigkeit in ihrem Leben. Auch wenn sie sich später an Einzelheiten kaum noch erinnern können, tragen sie diese Nacht für immer in sich, sie ist eingraviert in jede Zelle ihres Körpers wie die Schnitte einer Initiation.« (Wernher P. Sachon)

3. Phase: *Wiedereingliederung*. Rückkehr ins Basislager, Integration des Erlebten, Gespräch und Austausch, Zukunftsplanung. (Dafür sind 3 Tage vorgesehen.)

Orte zum Sonnengesang

Assisi wird seit Dante Alighieri (1265 – 1321), dem größten italienischen Dichter, als »Ascesi« – Sonnenaufgang – gedeutet. Das hat mich dazu geführt, das Programm des geistlichen Aufenthaltes in dieser Stadt nach dem Sonnengesang zu gestalten und mit Texten bzw. Meditationsimpulsen aus diesem Buch zu verbinden. Selbstverständlich ist die Perspektive, mit der ein Tag und die dazugehörigen Orte angeschaut werden, nicht immer gleich deutlich.

Sonntag – Sonnenstrophe – und Assisi (=Sonnenaufgang) ist ebenso deutlich wie Montag – Mond und die frauliche Dimension –, die unten in San Damiano von Klara und ihren Schwestern gelebt wurde. Hier ist übrigens auch der Sonnengesang entstanden.

Wind und Wasser kann man gut verbinden mit einer stillen Wanderung durch den Wald zur Magdalenenkapelle und von da weiter zu den Carceri, dem Ort, an dem Franziskus die Quelle in Gott suchte.

Klar ist auch der Freitag, der in der kirchlichen Tradition als Todestag Jesu gilt. Im nachstehenden Programm ist damit La Verna verbunden, der Ort, an dem Franziskus seine Totalhingabe feierte, aus der er mit den Wundmalen Jesu hervorging. Diese Perspektive könnte allerdings auch in der Porziuncola entdeckt werden, dem Ort, an dem Franziskus am 3. Oktober 1226 abends starb.

Gewöhnlich ziehe ich – in acht Tagen halte ich jeweils bloß eine Ganztagesfahrt für opportun – Greccio der Wallfahrt nach La Verna vor. Greccio ist der Ort im Rietital, wo Franziskus Weihnachten feierte, die Menschwerdung Gottes, oder wo er, wie er auch sagen konnte, mit seinen eigenen Augen sehen und mit seinen eigenen Händen greifen wollte, wie Gott erdhaft wird: homo – humilitas – humus (vgl. S. 92 ff.). (Zum Rietital, in dem auf eine andere Art die Schöpfungsspiritualität zur Geltung gebracht wird, siehe: Anton Rotzetter/Elisabeth Bernet, *Latium – Umbrien – Toskana. Wanderungen auf den Spuren des Franz von Assisi*, Josef Knecht Verlag Frankfurt am Main 1998.) Die Strophe zur Schwester Mutter Erde könnte in Greccio sehr gut zur Entfaltung kommen.

Auch die Fahrt nach Gubbio, dem Ort, wo sich der Legende nach ein grimmiger Wolf in ein Lamm verwandelte ist kein unbedingtes Muß. Die Friedensstrophe könnte zum Beispiel mit dem Rathaus oder dem Bischofspalais in Assisi verbunden werden. Denn nach der Überlieferung ist die Strophe ja entstanden, um den Konflikt zwischen den weltlichen und kirchlichen Instanzen zu befrieden.

Bleibt noch eine Strophe. Warum sie nicht mit Franziskus verbinden, der in den Quellen als feuriger Mann geschildert wurde. In der Kirche San Francesco wird er dargestellt als einer, der wie Elias im Feuerwagen Gott entgegenfährt und in Damiette für diesen Gott durchs Feuer gehen will. Auch sonst gibt es genug Anekdoten, in denen Feuer von Franziskus ausgeht: von seinem Herzen, von seinem Atem oder auch aus seinen Händen.

Motto
Schwestern und Brüder
der Sonne und des Mondes
des Feuers und des Wassers
des Feuers und der Erde
der Liebe und des Todes

Regel
Du willst Assisi erleben
und Franziskus und Klara durch seine Gassen gehen hören.
Du willst das Lied vom andern Leben singen
und einstimmen in den Sonnengesang.
Du willst dich selbst spüren und alle, die mit dir in Assisi sind.
Du willst den Sinn deines Lebens entdecken
und deine Berufung finden.
Achte auf die Stimme, die im Stillen hörbar wird.
Setz dich irgendwo hin, wo es still ist:
in eine Kapelle, in einen Kreuzgang, auf einen Felsen,
in eine Wiese.
Du wirst die Steine reden hören.

Renne nicht von Ort zu Ort. Weniger ist mehr.

Zeichne, singe, schreibe einen Text,
beachte eine Pflanze,
ein Tier,
träume …
nichts ist zu klein, zu unbedeutend,
um dich zum Geheimnis Assisis zu führen.

Laß dich versöhnen mit deiner Biographie, mit den Wegen und
Umwegen deines Lebens.

Komme ins Gespräch mit anderen Menschen.
Teile dich mit, höre zu.
Du wirst entdecken. wie schön es ist,
wenn Geschwister zusammen sind.

Achte auf die Bedürfnisse anderer und melde deine eigenen an.
Sei mitverantwortlich für Wasser, Luft, Ruhe, Pflanzen, Tiere,
Menschen in dieser Stadt.

Du wirst sehen, wie Gott aufleuchtet in gelebter Gemeinschaft.
Du wirst spüren, wie Franz und Klara da sind, nicht in alten
Gebäuden,
sondern mitten unter uns.

Wochenplan
Sonntag: Tag der Sonne – Assisi
Montag: Tag des Mondes – San Damiano
Dienstag: Tag des Feuers – San Francesco
Mittwoch: Tag des Friedens – Gubbio
Donnerstag: Tag der Erde – Ganztags-Wanderung oder Greccio
Freitag: Tag der sich hingebenden Liebe – La Verna
Samstag: Tag des Windes und des Wassers – Carceri

Neben der entsprechenden Strophe aus dem Sonnengesang (S. 12 ff.) bieten
die »Augenzeugenberichte« (S. 34 ff.) und die Einübungen (S. 57 ff.) für jeden
Tag Texte und Impulse.

Einen Meditationsweg zum Sonnengesang gibt es in Michelstadt/Odenwald. Der Weg ist 5 km lang und führt durch eine liebliche Landschaft. Gerald Jaschke leitet das dazu erschienene Buch mit diesen Worten ein: »Drei Grundmotive liegen dem Meditationsweg Michelstadt-Rehbach zugrunde: einmal soll zeichenhaft zum Ausdruck kommen, daß das geistliche Zentrum (fast 500 Jahre Kloster) der Einhardsbasilika fortgesetzt wird. Der Meditationsweg beginnt bewußt an dieser alt-ehrwürdigen Stätte (erbaut um 825). Dann soll dem Erholungssuchenden im Raum Michelstadt-Erbach-Bad König die Möglichkeit gegeben werden, anhand der zehn Strophen des sog. Sonnengesangs des hl. Franziskus über Gott, den Schöpfer, und seine Geschöpfe in Ehrfurcht und Dankbarkeit tiefer nachzudenken, d.h. zu meditieren. Für das leibliche Wohl der Touristen ist in unserer schönen Gegend reichlich gesorgt, doch es wird zu wenig auf die geistlichen Bedürfnisse der Erholungssuchenden eingegangen. Dies ist ein seelischer »Lehrpfad«, der auch den meditativen Bereich des Menschen anspricht. Und schließlich ist dieser Weg ein Beitrag zum Umweltbewußtsein. Wenn wir wieder mehr Achtung vor Gott, dem Schöpfer und allen seinen Geschöpfen als religiöse Menschen bekommen, dann werden wir auch wieder mehr für die uns umgebende Natur tun, in dem Bewußtsein, daß wir Menschen Teil eines großen Schöpferplanes sind. Zerstören wir die Schöpfung, von der wir Menschen ganz abhängig sind, dann zerstören wir uns selbst.«

Auskunft und Anmeldung für den Meditationsweg: Gerald Jaschke, Waldweg 13, D-64720 Michelstadt-Rehbach (Tel. 06061/5399).
Begleitbuch: Gerald Jaschke, Der Sonnengesang des Heiligen Franziskus – Meditationsweg, TAU-Verlag, Michelstadt-Rehbach/Odenwald.

TAUFERS IM PUSTERTAL/ SÜDTIROL

Anlaß des Tauferser Franziskusweges war die Ruine Toblburg. Vom aussterbenden Geschlecht der Inhaber soll sie im Jahrhundert des heiligen Franz (13. Jahrhundert) zum Sitz eines Klarissenklosters bestimmt worden sein. Ob es dann tatsächlich zur Gründung eines Schwesternklosters gekommen ist, ist eher unwahrscheinlich.

Mit der Zeit zerfiel die Burg. Die Ruine wurde aber dann in den 80er Jahren restauriert. Eine Franziskus- und Klara-Kapelle entstand mit einer Krypta, stimmungsvolle Meditations- und Gebetsräume. Bald entstand auch die Idee, die Burg als Ziel eines Sonnengesangweges zu begreifen. Die reine Gehzeit beträgt eine Stunde. Wenn man den Weg aber meditativ gehen will, kann man gut und gerne einen halben, wenn nicht ganzen Tag dazu verwenden.

Der Weg führt durch eine wunderbare Berg- und Waldlandschaft. Die Stationen sind sehr kunstvoll und eindrücklich gestaltet.

Auskunft erteilen: Jugenddienst, I-39032 Taufers/Südtirol (Tel. 0473/68119) oder Kath. Pfarramt Taufers (Tel. 0473/68060).

Begleitbuch mit Angabe der Zufahrten, genauer Wegbeschreibung und Anregungen zur Besinnung: L. Munter, Der Besinnungsweg zum Sonnengesang, Bozen 1989.

KAPUZINERKLOSTER IN SCHLANDERS/SÜDTIROL

Die Kapuzinerkirche in Schlanders/Südtirol wurde 1990 restauriert. Seither gibt es in ihr auch einen Meditationsweg zum Sonnengesang des heiligen Franz. Die einzelnen Strophen sind bestimmten Orten in der Kirche zugeordnet: z. B. ist die Friedensstrophe mit dem Beichtstuhl verbunden; die Todestrophe mit dem Ort, an dem die Mitbrüder des Klosters beerdigt sind; da kann man das Weihwasser nehmen, das einen Stein hinunterfließt; da kann man auch richtiges Feuer machen .... Walter Kuenz und Ursula Huber-Peer haben sich die künstlerische Gestaltung unter Architekt Albert Torggler geschwisterlich geteilt.

Adresse und Broschüre: Kapuzinerkloster, I-39028 Schlanders/Südtirol (Tel. 0473/730228).

Seit Jahren gehen vom »Haus der Stille« in Heiligenkreuz unweit von Graz viele Impulse aus: neues Liedgut, sorgfältige Gottesdienstgestaltung, ein einfacher franziskanischer Lebensstil. Für Kurse, aber auch für Besinnung, Einkehr und sogar Ferien ein guter Ort in einer großartigen Naturlandschaft. Um das Haus herum gibt es einen »Garten der Stille«, in dem ein Sonnengesangweg angelegt ist, den man meditativ gehen kann. Meines Wissens ist es der einzige in Österreich. Die einzelnen Stationen sind in Ton gebrannte Sinnzeichen und Figuren zu den Strophen des Sonnengesanges. Im Garten gibt es auch ein Labyrinth in der Originalgröße desjenigen von Chartres, in dem man den eigenen Weg innerlich nachempfinden kann.

Adresse: Haus der Stille, A-8081 Heiligenkreuz a. W. (Tel. 03135/82625; Fax 03135/82625/6).

ANTONIUSHAUS MATTLI, MORSCHACH/SCHWEIZ

In einer wunderbaren Berglandschaft in der Innerschweiz findet sich das franziskanische Bildungszentrum Mattli. Seit einigen Jahren gibt es auf dem Gelände des Zentrums einen Weg besonderer Art: Er nennt sich »Erfahrungsweg der Sinne«. Das Projekt wurde von Hugo Kükelhaus und seinem »Arbeitskreis für eine organgesetzliche Lebensgestaltung« inspiriert und begleitet. Im Begleitheft steht dazu:

»Das Erfahrungsfeld der Sinne entstand aus der Absicht, unsere Sinne zu öffnen für die Geheimnisse der Natur. Allzulange haben wir uns der Natur nur bedient, in der Absicht, uns zu bereichern. Allzulange galten ökonomische Gesichtspunkte in der Beziehung zur Natur als wichtig.

Nun, da die Natur sich auf Reservate zurückzieht, zurückschlägt, lernen wir vielleicht endlich wieder einen andern Umgang. Empfindsamkeit, heiliges Staunen, jauchzendes Vergnügen,

Bewußtsein über die Kostbarkeit der Geschenke sind angebracht.

Uns, die wir diesen Weg der Sinne realisierten, liegt dieses Gedankengut auch deshalb nahe, weil wir versuchen, auf den Spuren eines Menschen zu leben, der Gottes Schöpfung schon vor langer Zeit so gesehen hat: Franz von Assisi. Sein Sonnengesang erobert die Welt. Er redet zu und über alle Geschöpfe in der Sprache der Geschwister. Über das Gras lief er barfuß und voll zärtlicher Empfindung. Wir danken Ihnen dafür, daß Sie mit uns auf diesen Weg gehen, und hoffen gemeinsam auf eine Welt, in der die Achtung vor den Wundern der Natur Früchte trägt.«

Folgende Stationen bieten Erfahrungsaspekte: 1. Gong – 2. Labyrinth – 3. Partnerschaukel – 4. Fußparcours – 5. Balancierscheiben – 6. Rotierende Scheiben – 7. Summstein – 8. Steinmannli – 9. Klangsteine – 10. Balancierbalken – 11. Dreizeitenpendel – 12. Garten der Düfte.

Adresse· Antoniushaus Mattli, CH- 6443 Morschach (Tel. 041/820 2226).

ÜBERALL: EINE WOCHE MIT DEM SONNENGESANG

Vor mir liegt ein Faltblatt mit nachstehendem Wochenprogramm. Dessen genaue Herkunft ist nicht erkennbar, aber seine Bestimmung: ganz offensichtlich ein (franziskanisches) Männerkloster. Die diesbezüglichen Aussagen sind aber problemlos übertragbar.

1. Tag: Sonne Mond und Sterne
– Mir zehn Minuten lang vorstellen, ich sei blind.
– Einen Abendspaziergang machen.
– Einen Lichtpunkt im Leben des anderen setzen.
– Energie, sparen? – Ja, bitte!

2. Tag: Wind, Luft
– Fünf Minuten bewußt atmen.
– Wolkenbilder beobachten.
– Frischen Wind ins Haus bringen.
– Was weiß ich über die Luftverschmutzung in meiner Stadt/ meinem Dorf?

- Wind und Wetter erleben.
- Was »stinkt« mir am meisten?
- Nicht sofort in die Luft gehen.

3. Tag: Wasser
- Was kostet 1 m³ Wasser?
- Wem steht das Wasser bis zum Hals?
- Einen Tag ohne Wasser leben?
- Trimm dich, wasch dich mal wieder kalt.
- Einem, der es nötig hat, den Kopf waschen.
- Bei Regen am offenen Fenster stehen.
- Aus welcher Quelle lebe ich?

4. Tag: Feuer
- Über den Vorschlag nachdenken: mehr Pullover, weniger Heizung.
- Spuren des Feuers im Alltag entdecken.
- Ein »heißes Eisen« im Haus anpacken.
- Überlegen, welcher unnötige Kram in meinem Zimmer schon langst hätte verbrannt werden können (müssen).
- Sich für jemanden »den Mund verbrennen«.
- Bewußt einmal Kälte spüren und aushalten.
- Das Feuer als Symbol für Gott betrachten.

5. Tag: Erde
- An einem Tag intensiv das Kommen des Frühlings verfolgen.
- Bewußt und aufmerksam essen.
- An einem Tag hungern (nichts essen).
- Auf die Zeichen der Umweltzerstörung in der eigenen Umwelt achten.
- An Menschen denken, die in einem Wohnsilo leben müssen.
- Den Satz überdenken: »Aus der Erde bist du genommen, zur Erde kehrst du zurück.«

6. Tag: Versöhnung
- Die Vergebung Gottes dankbar in Anspruch nehmen.
- Den »Richterstuhl« (im Konvent) nicht besteigen.
- Lernen, viel zu vergessen und mir viel vergeben zu lassen.

- Erkennen, daß manchmal die Schwachen die Starken und die Starken die Schwachen sind.
- Die Hände falten mit – gefalteten Händen ist noch niemand erschlagen worden.
- Kranke besuchen und ihnen zuhören.
- Für »pflegende Hände« dankbar sein.

7. Tag: Tod
- Etwas, woran ich hänge, verschenken.
- Abends einschlafen mit dem Gedanken: Einmal werde ich nicht mehr erwachen.
- Sich über den Wert eines Mitbruders klarwerden.
- Ohne Hast das Kreuzzeichen machen.
- Das Kreuz eines Mitbruders sehen und tragen helfen.
- Den Kreuzweg schätzen lernen.
- Beim Spaziergang den Friedhof aufsuchen und der verstorbenen Mitbrüder und Wohltäter gedenken.

Einübung in die politische Verantwortung

Es dürfte sich aus dem Bisherigen von selbst ergeben, daß franziskanische Schöpfungsspiritualität notwendiger Weise auch schwerwiegende Folgen für das Handeln des Menschen hat.

▪ Es geht darum, den Selbstwert jedes einzelnen Geschöpfes zu suchen und als erste Option in das verantwortliche Handeln aufzunehmen. Wir sollen das Antlitz der Geschöpfe sehen und in allem den Bruder, die Schwester erkennen.

▪ Es geht zweitens auch darum, den Symbolwert jedes einzelnen Geschöpfes zu suchen und als wesentliche Option in das Bewußtsein aufzunehmen.

In beiden Fällen geht es um Loslassen, Stehenlassen, Verzichten, um Behutsamkeit, Gewaltverzicht, die Haltung des Nichtverletzenwollens. Wir wollen das Geheimnis Gottes erkennen oder wenigstens erahnen, das in und hinter allem gegenwärtig ist.

▪ Erst an dritter Stelle kommt dann der Gebrauchs- oder Nutzwert der Dinge. Dieser ist weitestgehend zu reduzieren und auf das unbedingt Notwendige zur Deckung der wahren Grundbedürfnisse des Menschen zu beschränken.

Andere reden vom Weltuntergang
und bleiben liegen
Sie reden, starren, zwingen ihn herbei

Auch wir sehen die Gefahr
Doch lassen wir uns nicht bannen
sondern tun etwas dagegen
Und wäre es nur
ein Bäumchen pflanzen
ein Kind zeugen
ein Stück Erde wohnlich machen

Wir wollen
eine Zone des Friedens
und der Liebe errichten
eine Lawine des Lebens
und der Freude auslösen
nach einer Quelle der Phantasie
und der Kreativität graben

Wir werden
Artikel schreiben
Proteste formulieren
auf die Straße gehen

Nein, wir lassen uns nicht bannen
von den Mächten des Todes
sondern bewegen
vom göttlichen Leben

1.

Wir suchen das Geheimnis des Lebens:
das Wesen, das alles im Innersten zusammenhält
die Mitte, um die das Leben tanzt
Gott, der bei uns ist bis ans Ende der Welt
das Wort, das sich seit Urbeginn zusagt und in Jesus von Nazareth
greifbar geworden ist
die befreiende Botschaft, die unser Leben hell macht.
Das bedeutet: regelmäßige Meditation, Auseianandersetzung mit
der Heiligen Schrift, Gebet und Gottesdienst.

2.

Wir suchen die geschwisterliche Gemeinschaft:
einen Ort, der uns Heimat ist
ein Beziehungsnetz, das uns auffängt
Gespräche, die weiterhelfen
gemeinsame Erfahrungen, die den Alltag durchdringen
ein Stück Erde, das wir pflegen und hüten.
Das bedeutet: regelmäßiges Zusammenkommen, Verbindlichkeit,
gegenseitige Verantwortung, Mitarbeit, Beziehungspflege.

3.

Wir suchen die Solidarität mit den Menschen:
Hilfe und Zuwendung für die Kleinen und Schwachen
gerechte Verteilung der Güter unserer Erde
das Leben in Fülle für alle Menschen
Aufnahme der Fremden und Flüchtlinge
Sorge für die Erde.
Das bedeutet: einfacher Lebensstil, Orientierung des Lebens an
den Armen, Beteiligung an Aktionen.

4.

Wir suchen die universale Verbundenheit:
weltweites Denken
die Anerkennung der »Demokratie der Geschöpfe«
die Überwindung der Grenzen

Offenheit für die Probleme der anderen
Verzicht auf nationalistische Engführungen.
Das bedeutet: Fürbitte, Information, Mitgestaltung, Mission.

5.
Wir suchen die Gemeinschaft mit der Kirche:
die schöpferische Tradition
den Ort, an dem Vergangenheit und Zukunft Gegenwart ist
das Fest des Glaubens, der Hoffnung und der Liebe
die Zeichen der Gegenwart Gottes
die Schule des Gebetes und des Glaubens.
Das bedeutet: Offenheit für das Neue und Treue zur Kirche, Leiden an der Kirche, kreative Übernahme des Erbes.

DAMIT KÖNNTEN WIR BEGINNEN

Wie wäre es, wenn wir unsere Verwandtschaft mit der Natur neu entdeckten,

■ indem wir uns von Arbeit und Pflicht nicht völlig absorbieren ließen, sondern jeden Tag den Kontakt zur Natur suchten und so unsere Natürlichkeit zurückgewännen;

■ indem wir unsere Lebensfreude ausdrückten und uns »im Element« wüßten, wenn wir mit Luft und Wasser, mit Feuer und Erde zu tun haben;

■ indem Mütter und Väter ihre Kinder auf die kleinen Schönheiten der Natur und auf die Regungen des Lebens aufmerksam machten und am Staunen der Kinder teilnähmen;

■ indem wir den Rhythmus der Jahreszeiten: Wärme und Kälte, Sonne und Regen, das Fallen der Blätter und das Keimen der Früchte wieder unmittelbar und bewußt erlebten und uns hinauswagten in »jegliches Wetter«;

■ indem wir unsere Wohnungen nicht mit überzüchtetem Luxus anfüllten, sondern über einen einfachen Wohn- und Lebensstil mit der Natur verbunden blieben;

■ indem wir nicht zu jeder Jahreszeit alles essen wollten, sondern uns auf jene Produkte beschränkten, die gerade ihre Zeit haben;

■ indem wir der »Verkopfung« unserer Gesellschaft entgegenwirkten und zur einseitigen geistigen Arbeit ein Gleichgewicht in körperlicher Betätigung schafften.

Wie wäre es, wenn wir mit allen Geschöpfen einen brüderlich-schwesterlichen Umgang suchten,

■ indem wir im Gespräch und im Verhalten mit jedem behutsam umgingen und auch im Gegner den Bruder oder die Schwester sähen;

■ indem wir die Natur nicht nur unter dem Aspekt der Nützlichkeit betrachteten, sondern als Wert an sich schätzten;

■ indem wir zum Baum, zum Berg, zum Wasser und zu allen Geschöpfen ein Verhältnis suchten, das den zwischenmenschlichen Beziehungen abgeschaut ist;

■ indem wir den Schmerz der Mitmenschen, der leidenden Kreatur als eigenen Schmerz mitempfänden;

■ indem wir rücksichtsvoll und sparsam umgingen mit der Luft, die wir atmen, mit dem Wasser, das wir trinken, mit dem Feuer, das uns wärmt, mit der Erde, die uns ihre Früchte gibt;

■ indem wir Freude hätten an den Blumen, die auf der Wiese stehen, und nicht meinten, sie immer abreißen zu müssen;

■ indem wir unter den vielen Bäumen und Sträuchern den einen oder andern auswählten und »adoptierten«.

Wie wäre es, wenn wir den Geist des Teilens erspürten,

■ indem wir das Auto, das Haus, den Garten, die Dinge, die wir haben, mit anderen zusammen teilten;

■ indem wir unsere Türe öffneten, den Tisch teilten und echte Gastfreundschaft pflegten;

■ indem wir selbst harten Verzicht auf uns nähmen, um die Natur zu schonen und um die Schöpfung mit allen Menschen auf der Welt zu teilen;

■ indem die Eigentümer von Seeufern und Grundstücken ihren Besitz der Allgemeinheit zugänglich machten;

■ indem wir uns regelmäßig informierten über die Zusammenhänge von wirtschaftlichem Fortschritt und Umweltkrise, von Devisenabhängigkeit und Hunger, von Industrialisierung und

Armut, und aus diesen Erkenntnissen zu einem solidarischen Lebensstil kämen.

Wie wäre es, wenn wir den Geist des Friedens einübten,
- indem wir den versteckten Aggressionen in uns und der vielfältigen Gewalt in Wort und Verhalten zu Leibe rückten und sie in körperlicher Anstrengung in der Natur auslebten;
- indem wir die Konflikte geduldig und beharrlich austrügen und uns selbst und unseren Partnern Zeit ließen;
- indem wir im Leben im Umgang mit uns selbst, aber auch im Umgang mit dem Tier und mit den Menschen und den anderen Geschöpfen nichts erzwingen wollten
- indem wir uns versöhnten mit der Natur und wiedergutmachten, was wir an ihr gefehlt haben;
- indem wir uns aktiv an Bemühungen beteiligten, der Verschmutzung der Luft, des Wassers, der ganzen Erde Einhalt zu gebieten oder sie zu bekämpfen;
- indem wir alle familiären, nationalen und sonstigen Grenzen sprengten, alle Vorurteile abbauten und alle Menschen in den göttlichen Frieden miteinbezögen.

Wie wäre es, wenn uns die Natur wieder zum Ort der Besinnung würde,
- indem unsere Lehrerinnen und Lehrer das Symbolverständnis des Kindes besonders schulten;
- indem wir im Religionsunterricht den Zusammenhang von Symbol und Sakrament zum Erlebnis brächten;
- indem wir uns immer wieder allein in die Natur begäben, um zu träumen und zu dichten, um zu beten und dem Geheimnis zu begegnen;
- indem wir etwas so lange anschauten, bis es uns anschaut.

Auch die Anfragen (S. 22-33), die vorangegangenen Einübungen (S. 57-97) sowie die Rituale und Spiele (S. 98-124) geben wichtige Impulse für diesen Teil.

Franziskus und wir

Seltsam! Wenn eine Gestalt leicht, frei, mutig und sicher genug ist, durch die Trümmer und Finsternisse dieser Jahre zu führen, so ist es der Arme von Assisi … Wir müssen zu tun versuchen, was er getan hätte: So gelangen wir weiter, tief in die Zeit und durch sie hindurch. Und indem wir ihm folgen – wirklich und wahrhaftig –, wird sich die Erde verklären. Er beugt sich über die Ärmsten als seinesgleichen und achtet die Würde in ihnen, die ihnen Christus errungen hat. Er bedeutet uns, stille zu werden, daß wir den Lobgesang der Geschöpfe vernehmen, eine gewaltige, nicht von Menschen ersonnene Melodie. Auf eine geheimnisvolle Weise strömen ihm die Kräfte der Schöpfung, der Menschen und Tiere, der Pflanzen und Steine, zu; er nimmt sie in demütiger Ehrfurcht auf, um des Herrn willen, der in die Schöpfung getreten; und auf eine neue wunderbare Art leitet der Heilige diese Kräfte zum Herrn zurück. Wo er vorübergeht, gelangen die Menschen und Dinge in eine neue Beziehung zu Christus: Diese Beziehung erst wird sie retten und bewahren. Denn wie der Mensch, so hatte in des Menschen Augen auch das Geschaffene seine Würde eingebüßt: darum ist es Zeit, daß der »Herold des großen Königs« kommt. Es ist der Bettler in Herrlichkeit.

Reinhold Schneider

Hinweise

Lieder und Musik

Der Sonnengesang, von dem nur der Text, nicht aber die Melodie erhalten ist, hat immer wieder zu Vertonungen und Nachdichtungen angeregt. Diese reichen von einfachen oder kunstvollen Sologesängen über Gemeindelieder und Chorsätzen bis hin zu großen Vokal- und Instrumentalkompositionen (Petr Eben, Paul Hindemith, Franz Liszt, Hermann Suter u.a.).

Auch in den neuen Kirchengesangbüchern ist der Sonnengesang in verschiedenen Fassungen enthalten (siehe EG Nr. 514 und 515 / GL 285 / KG 527 / RG 572 / Unterwegs 68).

Einen ausgezeichneten Eindruck von der stilistischen Vielfalt musikalischer Deutung des Sonnengesangs geben zwei CDs:

▪ Eine faszinierende Interpretation des »canticum creatorum« bietet die CD *Saint Francis and the minstrels of God* (Dorian Discovery DIS-80143). Das »Altramar medieval music ensemble« unterlegt hier dem Sonnengesang die Melodie der mittelalterlichen Lauda »Altissima luce col grande splendore« aus der Sammlung »Laudario di Cortona«. Der Text dieses Liedes hat das gleiche Versmaß und den gleichen Rhythmus wie der Sonnengesang des Franz von Assisi.

▪ Vierzehn Interpretationen legt die CD *Der Sonnengesang des Franz von Assisi* vor (TAU-AV-Produktion, Kollegium, CH-6370 Stans/NW, CD TAU 9604): Sologesänge (bemerkenswert Nr. 1 von Reinhard Peter und Nr. 6 von Clara M. Buschmann), Chorsätze (u.a. die eindrucksvolle Vertonung von Carl Orff) und Kompositionen im Stil des »Neuen geistlichen Lieds«. Zum Teil wird die altitalienische Originalsprache verwendet, zum Teil Übersetzungen oder freie Nachdichtungen.

Diaserie

Band 23 der *DiaBücherei Christliche Kunst: Schöpfung und Vollendung* (Verlag am Eschbach 1988, Bestell-Nr. 923) enthält u.a. eine Diaserie zu Franz von Assisi:

▪ Gerhard Boos, *Allen Geschöpfen Bruder und Schwester.* – Anhand von Bildern aus dem 13. und 14. Jahrhundert (u.a. Bardi-Retabel, Cimabue, Giotto) erschließt die Gerhard Boos in dieser Diaserie (22 Dias) Leben und Wirken des Franz von Assisi, sowie der Klara von Assisi und der Elisabeth von Thüringen. Wichtige Aspekte franziskanischer Spiritualität werden mit Themen unserer Zeit konfrontiert. Den Abschluß bildet die Darstellung des Sonnengesangs von Roland Peter Litzenburger (1976).

Bilderbücher und Fotobände

■ Elio Ciol, *Assisi*, Metamorphosis Verlag, München 1992. – In einer meisterhaft durchdachten Komposition sind Schwarzweiß-Aufnahmen der umbrischen Landschaft und der Wirkungsstätten des Franziskus den Farben der Cimabue- und Giotto-Fresken gegenübergestellt.

■ *Franzsikus und ich. Ein Weg zum Sonnengesang.* Texte und Aquarelle von Charlotte Knöpfli, Amboss-Verlag St. Gallen in Au/SG, 1986.

■ Erwin Knam/Sieger Köder, *Für uns geboren am Weg. Ein Franziskusbuch*, Schwabenverlag, Osterfildern, 2. Auflage 1997. – Im Kinderdorf Marienpflege in Ellwangen/Jagst hat der Maler Sieger Köder eine Franziskuskapelle ausgestaltet (u. a. mit einem farbenprächtigen Glasfenster zum Sonnengesang, das auch als Karte SK 245 beim Schwabenverlag erhältlich ist).

■ Wulf Ligges, *Sonnengesang des Franz von Assisi*, Tyrolia-Verlag, Innsbruck-Wien 1987. – Prächtiger Fotoband mit einem Beitrag zur Entstehung und Deutung des Sonnengesangs von Leonhard Lehmann und Meditationen von Bernhard Praxmarer.

■ *Sonnengesang des Franz von Assisi.* Nach der Übertragung von Franz Brentano in gebundene Form gebracht von Max Lehrs. Graphische Gestaltung: Ottmar Frick und Waltraut Frick-Kirchhoff, Emil Fink Verlag, Stuttgart 1994. – Der Text des Philosophen Franz Brentano (gest. 1917) ist eine poetische Nachdichtung des Sonnengesangs von Franziskus.

Begleitliteratur zur Entstehung und Deutung des Sonnengesangs

■ *Die Schriften des heiligen Franziskus von Assisi* (Franziskanische Quellenschriften, Bd.1), Dietrich-Coelde-Verlag, Werl/Westf. 1986.

■ Raoul Manselli, *Franziskus – Der solidarische Bruder* (Benziger Verlag, Zürich 1984), Neuausgabe: Verlag Herder, Freiburg i. Br. 1989.

■ Wolfgang Platzeck, »Laudato si misignore«. Der Sonnengesang des heiligen Franziskus von Assisi. In: H.Becker/R.Kaczynski, *Liturgie und Dichtung*, Ein interdisziplinäres Kompendium, Bd. 1, EOS Verlag Erzabtei St. Ottilien 1983, S. 573-608.

■ Siehe auch oben (Beitrag von Leonhard Lehmann zur Entstehung und Deutung des Sonnengesangs, in: Wulf Ligges, *Sonnengesang*) und S. 53 f.

Biblische Quellen

Den ideellen und spirituellen Hintergrund des Sonnengesangs bilden einige biblische Lobgesänge, die Franziskus besonders durch das kirchliche Tagzeitengebet vertraut gewesen sein dürften: vor allem Psalm 148 und der Lobgesang der drei Männer im Feuerofen aus der griechischen Fassung des Buches Daniel (= Dan 3,52-90 in der Einheitsübersetzung; Dan 3,28-66 der Lutherbibel 1985; Dan 3,29-67 der Gute Nachricht Bibel 1997) sowie die Psalmen 8; 19; 104.

Nichtfranziskanische Sonnengesänge

Was Franziskus in seinem Sonnenlied zum Ausdruck bringt, ist eigentlich Gemeingut aller Völker. In allen Kulturkreisen hat die Sonne religiöse Bedeutung (vgl. dazu: Die Sonne – Licht und Leben, Lausanne 1973/Freiburg i. Br. 1975; daraus sind die Sonnen-Vignetten für dieses Buch entnommen). Der wohl bekannteste Sonnengesang neben dem des hl. Franz ist das Lied, das der ägyptische König Echnaton vor dreieinhalbtausend Jahren gesungen hat. Aber auch die Sonnengesänge der Kelten oder der Indianer oder das indische Sonnengebet mit seinen wertvollen Anregungen für leibbezogenes Beten sind großartige spirituelle Texte.

Literatur dazu (in persönlicher Auswahl):

- Erik Hornung, *Echnaton. Die Religion des Lichtes*, Artemis Verlag, Zürich 1995.
- Lis Jacobi (Hrsg.), *Lied der Sonne. Morgen- und Sonnengedichte aus drei Jahrtausenden*, Verlag Neues Geistesleben, Stuttgart 1983.
- Rudolf Kaiser, *Indianischer Sonnengesang*, Verlag Herder, Freiburg i. Br. 1993 (Herder/Spektrum, Band 4143).
- Sebastian Painadath, *Das Sonnengebet. Eine leibbezogene Form des Morgengebets aus Indien*, München 1995.
- Hubert Wurz, *Das indische Sonnengebet*, Pattloch Verlag, Augsburg 1996.

Textquellen

- Rose Ausländer, »Atem« (S. 66), »Das Schönste« (S. 65), »Die Götter« (S. 63), »Du weißt« (S. 64 f.), »Noch bist du da« (S. 66 f.), »Werben« (S. 64). Aus: dies., *Ich höre das Herz des Oleanders. Gedichte 1977-1979*, © S. Fischer Verlag GmbH, Frankfurt a. M. 1984. – »Bekenntnis« (Ich bekenne mich) (S. 62 f.). Aus: dies., *Hügel aus Äther unwiderruflich. Gedichte und Prosa 1966-1975*, © S. Fischer Verlag GmbH, Frankfurt a. M. 1984. – »Einen Augenblick« (S. 61), »Mysterium« (S. 59), »Preisen« (S. 67). Aus: dies., *Wieder ein Tag aus Glut und Wind. Gedichte 1980-1982*, © S. Fischer Verlag GmbH, Frankfurt a. M. 1986. – »Sonne II« (Während ich schreibe) (S. 60). Aus: dies., *Im Aschenregen die Spur deines Namens. Gedichte und Prosa 1976*, © S. Fischer Verlag GmbH, Frankfurt a. M. 1984. – »In dir« (S. 61). Aus: dies., *Einverständnis*, © Pfaffenweiler Presse, Pfaffenweiler 1980.
- Christoph Baumanns, »Gelobt warst du, Herr« (S. 28-32), © beim Autor.
- Elisabeth Bernet, »Wie Gott den Menschen schuf« (S. 74 f.) / »Wenn du hören willst« (S. 80-82). Aus: dies., *Der Mantel des Sterndeuters*, Paulusverlag, Freiburg/Schweiz 1993.

■ Joseph Bernhart (S. 14-16), mit Genehmigung der Verwaltung des literarischen Nachlasses von Joseph Bernhart im Institut für Kirchengeschichte der Universität München.

■ Eric Doyle, »Das Lied von der Schwester Energie« (S. 24-26). Aus: ders., *Von der Brüderlichkeit der Schöpfung*, Benziger Verlag, Zürich 1987.

■ Thomas von Celano (S. 35-37), nach: ders., *Leben und Wunder des heiligen Franziskus von Assisi* (Franziskanische Quellenschriften, Bd. 5), Dietrich-Coelde-Verlag, Werl 1980.

■ Otto Karrer (S. 17 f.). Aus: *Franz von Assisi, Legenden und Laude*. Hrsg., eingel. und übers. von Otto Karrer, Manesse Verlag, Zürich 1975.

■ Simeon Nuß, »Lobgesang der Erschöpften« (S. 22 f.). Aus: *barfuß. Franziskus von Assisi, Lesebuch*, Dietrich-Coelde-Verlag, Werl 1992.

■ Huub Oosterhuis, »Gesegnet seist Du, Ewiger« (S. 108-110). Aus: Christ in der Gegenwart 32/92. – »Sonnenlied« (S. 26-28). Aus: ders., *Du bist der Atem und die Glut*, Verlag Herder, Freiburg i. Br., 4. Aufl. 1996.

■ Marlis Ott / Max Bosshart, Liedtanz »Herr, dich loben die Geschöpfe« (S. 104-106). Mit freundlicher Genehmigung von Redaktion und Verlag entnommen der Ausgabe 2/98 der Ökumenischen Zeitschrift *NEUES SINGEN IN DER KIRCHE* (Theologischer Verlag Zürich / Rex-Verlag Luzern).

■ Textsammlung von Perugia (S. 37-46), nach: M. Bibaroni (Hrsg.), *Compilation Assisiensis*, Portiuncola 1975 (zum Teil deutsch, in: A. Rotzetter/E. Hug, *Franz von Assisi. Gotteserfahrung und Weg in die Welt*, Walter-Verlag, Olten 1984).

■ Christa Reinig, »Gott schuf die Sonne« (S. 7). Aus: dies., *Sämtliche Gedichte*, Eremiten-Presse, Düsseldorf 1984.

■ Luise Rinser (S. 19 f.). Aus: dies., *Bruder Feuer*, © K. Thienemanns Verlag, Stuttgart – Wien – Bern 1975.

■ Reinhold Schneider, »Die Liebe hat nur einen Weg« (linke Umschlagklappe) / »Franziskus und wir« (S. 140), © Verlag Herder, Freiburg i. Br.

■ Peter Suchanek, »Vor dem Schlafengehen lese ich den Sonnengesang« (S. 24). Aus: *barfuß. Franziskus von Assisi. Lesebuch,* Dietrich-Coelde-Verlag, Werl 1992.

■ Rolf Weber, »Wir sagen – und meinen« (S. 32 f.), © beim Autor.

Der altitalienische Originaltext des Sonnengesangs (S. 12f.) wird wiedergegeben nach: K. Esser, *Die Opuscula des hl. Franziskus von Assisi*. Neue textkritische Edition, Grottaferrata (Roma) 1976, S. 128f.

Für die Texte S. 112, 117-124 wurden Anregungen und Passagen verwendet, aus: *connection special III / 97*: Der Blick auf's Ganze – Spirituelle Ökologie.